JN194094

僕のリスタートの号砲が、遠くの空で鳴った

田原照久　竹島由美子

高文研

◈——もくじ

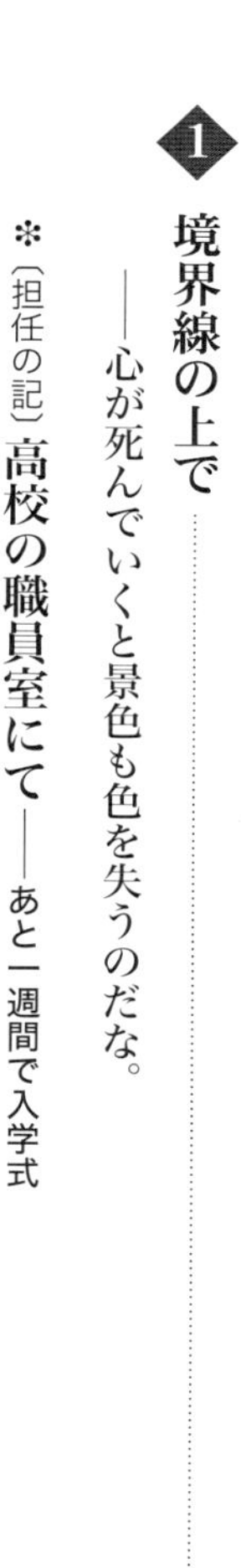

1 **境界線の上で** …… 5

——心が死んでいくと景色も色を失うのだな。

❋（担任の記）高校の職員室にて——あと一週間で入学式

2 **扉の向こう側** …… 14

——僕は、他者を恐れていた。いや違う、
他者に写る臆病な自分を恐れていたのだ。

❋（担任の記）教室にて——入学式から一ヶ月

3 **孤　立** …… 26

——他者がいなければ孤独にならない。
しかし他者がいなければ、救いもない。

❋（担任の記）やっと夏休み——演劇部に苛立つ野球部員たち

4 **予期せぬ感情** …… 31

——教室に踏み入れた足が、少し震える。
無意識に口元が緩んでいた。

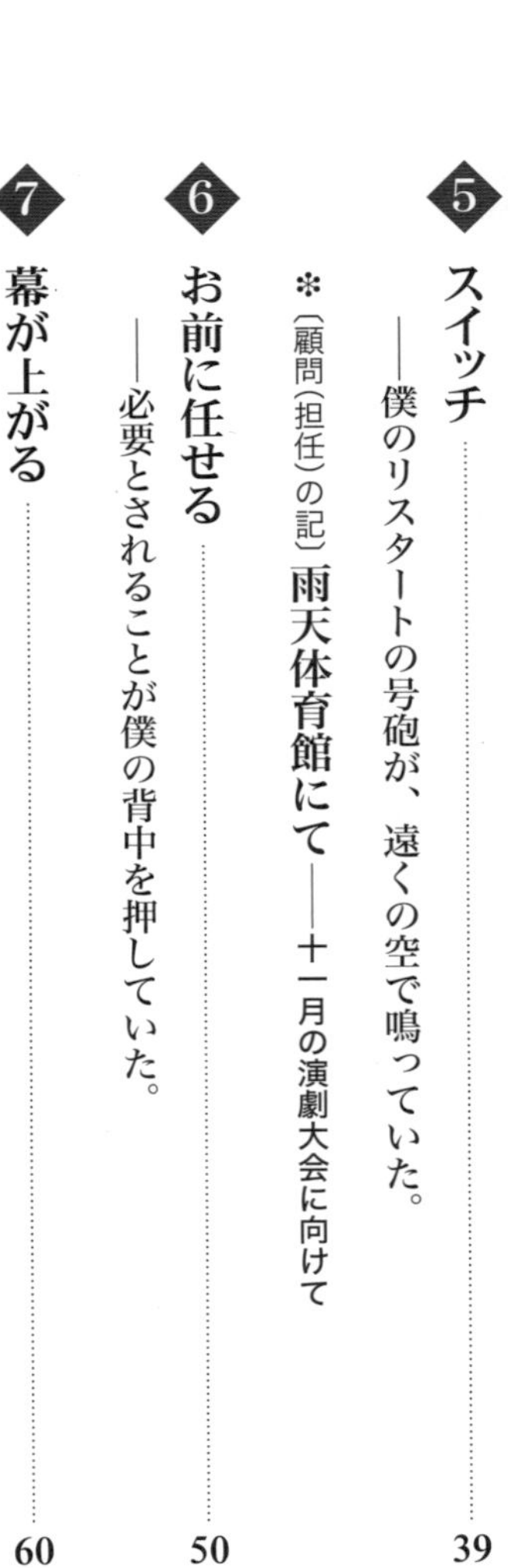

✻（担任の記）放課後の教室にて――文化祭を通して

5 スイッチ …… 39

――僕のリスタートの号砲が、遠くの空で鳴っていた。

✻（顧問（担任）の記）雨天体育館にて――十一月の演劇大会に向けて

6 お前に任せる …… 50

――必要とされることが僕の背中を押していた。

7 幕が上がる …… 60

――馬鹿みたいに明るくて広い空が見えるような気がした。

✻（顧問（担任）の記）本番のステージにて――大会当日を迎えて

8 移り変わる季節の中で …… 78

――夢中になれることがあると、時間の流れを速く感じる。毎日があっという間だ。

✻（顧問（担任）の記）十二月、公民館公演に向けて――新たな挑戦が始まった

予　感 …… 91
——目の前に開いたドアが、まるで未来への扉のように感じる。
一歩踏み出し、乗り込んだ。

＊〔顧問（担任）の記〕一年の終わり——亀裂が入ったクラスの中で

10

変　動 …… 110
——俺みたいな素人が部長に？

＊〔顧問（担任）の記〕二年になって——クラスを覆う険悪な雰囲気

11

勇　気 …… 117
——彼女は笑いながら、また泣いた。

＊〔顧問（担任）の記〕二年、一学期の終わりに——クラスに吹いた新しい風

12

絡み合う視線 …… 125
——その視線の先に写る自分も、同じように笑っているだろうか。

＊〔顧問（担任）の記〕二年二学期、大会に向けて
——それぞれが主人公の脚本を作成する

三度目の春 …… 153
——僕らのモラトリアムが終わろうとしている。
「あいつらと最後の大会に出たい」

＊〔顧問（担任）の記〕卒業に向けて
——君の、その苦しみの方へただ渡って行く

14

卒業の日 …… 173
——遠くの空で号砲が鳴る。

■〈物語の物語〉無駄な出会いなど何一つなかった〔五條 元滋〕…… 178

■あとがき〔田原 照久〕…… 185

■まだ高校生だった彼が教えてくれたこと〔竹島 由美子〕…… 188

装丁：商業デザインセンター・増田 絵里

1 境界線の上で

――心が死んでいくと景色も色を失うのだな。

心が死んでいくと景色も色を失うのだな。

学校をサボって仲間たちとたむろし、偉そうに街を遊び歩いた帰り道。ひとり、橋の上でふとそう思った。

立ち止まった体に吹き付けるみぞれが、体温を奪っていく。行き交う車と眼下の河を眺めながら、どちらかに一歩を踏み出せば、この虚無の穴から抜け出せるだろうかと、ぼんやり考えていた。

その当時僕は、いわゆる不良グループに属していた。

まわりからは、随分と自由奔放な毎日を送っているように見えただろうと思う。好きな時に起き、夜な夜な遊び回る。

学校なんて月に二、三回でも顔を出せば良い方で、その数回も生徒指導の教員に原付で追い回されながらの登校だ。

掃き溜めみたいなたまり場はいつも白く煙っていて、アルコールの瓶が床に転がっていた。どこから持って来たのか分からないものが、あちこちに山積みになっている。

鬱屈(うっくつ)した自由がそこにはあった。

自分の居場所を見つけられない僕らは、凍える冬の小さな焚(た)き火に集まるように、寄り添って生きていた。

多くの大人が僕たちを更生させようと躍起になっていたが、その言葉には耳を貸さなかった。届かなかったと言った方が的確かもしれない。

説得の仕方も様々で、罵詈雑言(ばりぞうごん)をぶつけてくる人もいれば、優しい言葉をかけてくれる人もいたけれど、どれも自己保身のためのパフォーマンスに見えた。

僕は右から左に言葉を受け流していた。

教育的指導というやつで殴る教師もいたが、ただ感情に任せているだけのようで伝わるものもなく、苛立（いらだ）ちしか生まれなかった。

本気かどうかくらいは、子どもにも分かる。

そして、自分が間違っていることも。

あの頃僕はただ、人に決められるのではなく、自分で生き方を選びたかっただけだった。でも何もかも未熟で、未来を見つけようにも、自分の心がどこにあるのかさえ分からなくなっていた。


抑圧されればされるほど、不満だけは大きくなっていった。

刹那（せつな）的な生き方は自身に澱（おり）を溜める。

行き場のない苛立ちが募り、母とも顔を合わせれば喧嘩（けんか）の日々になっていった。


僕の家には父がいない。母は女手ひとつで僕を育てていた。

辛抱強い人で、僕がどんなにくだらない生き方をしても、最後には笑って許してくれた。

そして、僕の未来を信じてくれた。

そんな母も僕は信じられなくなっていった。

そんな態度は次第に母を疲弊（ひへい）させた。

自暴自棄になり、何もかもどうでもいいと怒鳴り散らしたある夜、初めて母に頬を叩かれた。母の細い肩は震え、目には涙が浮かんでいた。

頭が真っ白になる。

叩かれた頬が熱を帯びていた。

やたらと胸の辺りが苦しくなった。

その日から次第に、ひとりでいることが増えた。

日がな一日ぼんやりと空を眺めながら、思いを巡らせる。まだ残る胸の痛みが僕を動かしていた。ただ何かを変えたいと思った。

最後に母を喜ばせたのは、一体いつだっただろうか？　同じ弱さの中で、もがいているあいつらに、僕が出来ることは何かあるだろうか？

今まで踏みつけてきたものと一つ一つ向き合いながら、精一杯、考えた。

何も持っていない僕に出来ることは、僕自身が未来へ向かって一歩を踏み出す姿を見せることだけだった。

そして僕は高校への進学を決めた。

あきれるほど単純な答えだったけど、迷いはない。自分で決めたのだから。

自ら職員室へ赴き、その旨を伝えた時の担任の卒倒しそうな表情は、今思い出しても笑ってしまう。

「いまさら……」

という呟きもおまけでついていた。

笑いたければ笑え。

苛立ちはもうなかった。

担任の記

高校の職員室にて

――あと一週間で入学式

「入学式の頃が満開なんて、今年の新入生は幸せですね」

まだ担任したことのない若い先生が、グラウンドの桜を眺めていた私の横に立って話しかけてきた。

「先生は新一年生の担任ですね。私、数学を担当します。どんな生徒たちと出会うのか楽しみです。よろしくお願いします！」

彼女の張りのある声に背中を押されながら、私も明るい声で「こちらこそ、よろしく！」と応えた。とはいえ、このゆっくりとした日々があと一週間で終了するかと思うと、残念というのが正直なところ。職員室から出て行く彼女の背中を笑顔で見送った後、私は再び外に目をやった。

野球グラウンドを見下ろすように植えられた三本の桜の樹。花の下には応援に来た母親たちがズラリと並んで立っている。時折甲高い声をあげるのは、木の下のベンチに座る女子生徒たち。母親たちはいつも何時間でも立ち続けている。グラウンドで試合する息子たちの気持ちを考えると、座ってなんかいられないのだろう。

そう言えば今日は、強豪校との練習試合があるとコーチが話していた。春休みは連日試合が組まれているらしい。運動部員たちに長期の休みはあり得ない。特に何度か甲子園出場をしている本校野球部にとって、夏の大会はもう目前と言っていいだろう。強化クラブは大変だ。

その点、我が演劇部にとっての春休みは完全なオフシーズン。昨年は三年が主流だっただけに、彼らが卒業した後、部員は三人しかいない。大学生になっても指導に通って来てくれる江口や梅野にも、「新一年生が入部するまでは練習を休むから、久し振りにデートしてきて」と連絡しているので、彼らも久し振りに青春を謳歌しているにちがいない。夕方になると毎日のように指導に来てくれていたのだから、真面目な梅野はともかく、遊び人の江口はさぞ忙しいことだろう。この間も付き合っている彼女から、「演劇と私とどっちが大事？」と言われたらしい。

「どう答えたの？」

「決まってるじゃないですか。え・ん・げ・き！　それでふて腐れる女とは即座にバイバイですよ。後輩と一緒に芝居を創るなんて今しかできない。女の代わりはいても、なあ」

長身の江口にそう言われた梅野は、「僕もそんなこと言ってみたいもんですよ」と見上げながら苦笑した。

そういえば練習場の雨天体育館に、差し入れを持って来てくれる女性がころころ変わる。現役部員たちはもうすっかり慣れて、「前の人より綺麗かも……」「いや私は前の人の方が好き」などと言いながら、差し入れのお菓子を食べるのが恒例となっている。そんな江口先輩と誠実で優しい梅野先輩は、現役部員にとって憧れの存在と言っていいだろう。顧問の私にとっても、「後輩に演劇の面白さを伝えたい」と自分の時間を割いて通って来てくれる二人は、すでに教え子などではなく信頼できる仲間だ。

それにしてもあと一週間で入学式かと思うと、私もうかうかしていられない。クラス担任としての雑用をさっさと片付けようと窓から離れると、教務の同僚から声をかけられた。

「先生、新クラスの名簿と調査書と中学からの情報をまとめたものです。名簿以外はすぐ回収しますから目を通しておいてください」

三十六名のうち約半数の生徒に何らかの問題があり、特記事項のない生徒は野球部・バスケ・バレーなどの運動部とごく数人の生徒たち。思わず溜息を吐くと、机に置かれた内線電話が鳴った。思春期心療内科の医師から、私のクラスに入る女子生徒についての連絡だった。聞けば、パニック障害で中学の二年からほとんど登校できていないとのこと。パニック障害の生徒を担任するのは初めてなので、とにかくひとしきり説明を聞いて受話器を置いた。調査書の写真を見ると、可愛いけれど繊細で寂しそうな表情の女の子。なかなか困難な生徒のようだなと思いながら、他の生徒の資料を見てみると、なんと小学生の時に白血病を発症し、中学時代は病院内の教室で学んでいた男子生徒もいる。

思わず「あーまたゼロからスタートか！」と呟(つぶや)くと、パソコンに向かっていた教務の先生が、「落ち込みついでに、入学試験の点数も見ておいてください」と含み笑いをしながら印刷した紙を渡してきた。五教科の総合点数のはずだが、下の数名は「これって総合点数よね」と聞かずにはいられない程の点数だ。

「特にこの男子生徒の点数はどういうこと。国語以外は真面目に受けてない。それに欠席日数の多いこと！」

すると同僚が笑いながら言った。

「『国語が取れているならどんなに点数が低くても引き受ける』と言ったのは先生ですよ」

どうやら、この問題児をどうするかと話し合っていた時に、私が横で言ってしまったらしい。

まったく一体どんな生徒なのか。というより、全体的に今度はかなり面倒だなと憂鬱（ゆううつ）な気分になった。

2 扉の向こう側

――僕は、他者を恐れていた。いや違う、他者に写る臆病な自分を恐れていたのだ。


四月。

満開の桜の鮮やかさに目を奪われながら、母と高校の門を潜った。

退屈と苛立ちを抱え、荒(すさ)んだ中学時代を過ごした僕は、そんな自分を変えたいとの思いから高校へ進学した。あの頃の僕にとって、それはとても大きな一歩だった。それを機に明るい未来の扉が開いて、世界が変わるような予感さえしていた。

環境が変わればやり直せる。そう思っていたのだ。

しかし現実はそううまくは運ばなかった。

入試の日に、中学時代の仲間も四、五人受験しており（とはいっても実際入学したのは僕だけだったが）、当日廊下を偉そうにたむろしながら闊歩していたおかげか、教師のいない通路でのタバコの受け渡しを見られていたおかげか、当たり前のように着崩している制服のおかげか、すでに「不良グループ」といった認識がクラスメイトの中にぼんやりと出来上がっていた。

「いったん触らないようにしよう」といった暗黙のルールを共有しているかのように、みんなの視線は遠巻きだ。身から出た錆だという自覚もあったが、煩わしさに苛立つ。そこにある空気は中学の頃とまるで変わらない。

代わり映えのしない日々が続いた。

自分からその空気を変えようにも、どうにも行動に移せない。自ら人との関わりを避けるようになっていった。一応登校はするものの机に顔を伏せているか、授業をサボり隠れてタバコを吸っているかの時間が増えた。

世の中に反発しかしてこなかった僕は、他者を恐れていた。いや違う、他者に写る臆病な自分を恐れていたのだ。

中学の頃に貼られた「不良品」のレッテルが、まるで親しい友のように肩を組んでくる。

次第に学校に行く日が減っていき、中学時代の仲間とつるむ時間が増えた。

学校をサボり、仲間内に顔を出すようになった僕を彼らは歓迎した。制服を着ているのは僕だけだ。

「お前、いいんか?」

中学から一番の連れだった仲間に最初はそう声をかけられることもあったが、「いやいや、学校マジで面白くないけんさぁ」などと適当に答えているうちにそれもなくなった。

親のいない家にたむろして、煙る部屋で昼間から飲み明かす。女の子たちを呼び、カラオケに行き朝まで騒ぐ。金がなくなれば盗んだ物を売ればいい。学校や世の中のルールの話をするような奴は、ここにはいない。現実逃避をする方法はいくらでもあった。

思考を鈍らせるような刹那(せつな)的な楽しさに身を任せる日々が増える。

「どうせ俺はこんなもんだろう」

再びそう思うまでにたいして時間はかからなかった。ふとしたときに母親のあの日の泣き顔が浮かぶ。そのたびに考えることを止める。

同じレッテルを貼られた仲間といるのは楽だった。

まだ心の奥に燻（くすぶ）る自分を諦めたくない気持ちと、もうどうでもいいと投げやりになる気持ちの間で揺れながら、僕の日々は無気力の波に飲み込まれていった。

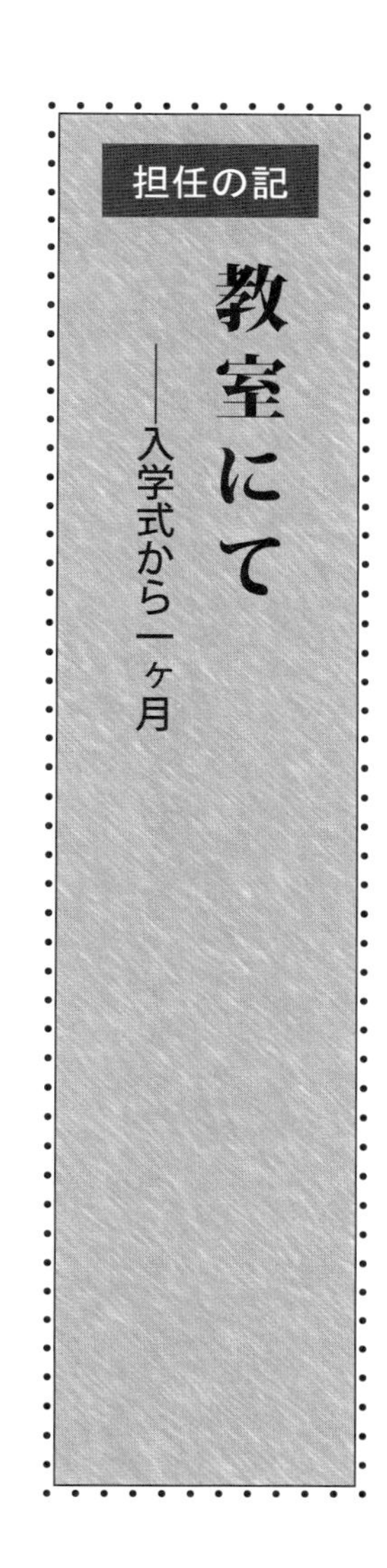

入学式から一ヶ月。なんとか登校していたパニック障害のリエが、ついに休み始めた。連休明けが問題と思っていたら、やはり不安が的中してしまった。保健室に薬を飲みに行っても、教室に戻る努力をしていただけに残念でたまらない。

白血病で高校入学直前まで入院生活を経験してきた野中が、「リエさんと話したい。学校に行けなかった自分なら、少しはその苦しみが分かるから」と言ってきた。自己紹介で自らの体験を語った彼は、驚くほど冷静で大人びた生徒だ。

「一応直ったとはいえ、一体いつまで生きられるのかという不安は常にある。だから僕は毎日を大切にしたい」

堂々と語る彼の言葉を、皆真剣な表情で聞いていた。彼を連れて家庭訪問に行ってみるかなと考えながら母親に電話をしてみると、どうやら誰にも会いたくないとまた心を閉ざし始めたらしい。焦らせてしまったら逆効果なので、しばらく様子を見ることにして野中にもそう話した。

最近、野中と親しくなっている池田が横で聞いていたが、「時間が経つとリエさん、ますます来辛くなるんじゃないですか。先生、行きましょうよ。僕も連れて行ってください。話してみますから」と自信ありげに言う。「そうねえ、でも……」と言いかけると、野中がきっぱりと言い放った。

「知り合ってひと月くらいの僕たちに心を許してくれないよ」

「でも同じクラスなんだから。クラスメイトとして何かしないと」

どうやら自分から学級委員を引き受けた池田は、担任よりもはるかにクラス運営を考えているようだ。野中が苦笑しながら「自分が体験したから分かるんだけど、かえって迷惑だよ」と前のめりの池田を諌めた。正しいと思うと誰にでも突っかかっていく池田も、実感で語る野中には一目置いている。私が整理する必要もなく話は落ち着いた。

今まで学校で学ぶことが出来なかった野中と、その頑なで攻撃的な性格ゆえに友人に恵まれなかったであろう池田は、ともにほとんど方言を使わない。同世代との会話を楽しむ何気ない日常が、閉ざされていたからだろう。まだ互いに違和感を抱いているこの二人も、やがて青年らしい正義感でつながっていくのではないか。そして、担任をしっかり助けてくれるに違いない、などと勝手なことを考えながら昼休みの教室を見回すと、一番後ろの席であの問題児が寝ている。

「田原、いつ来たの！」

「四限目が始まった頃だったよな」と池田。

「もう、平然と中途半端な時間に来るなんて、ふざけてる！　起こしてやる！」

「それでも田原君は来てるんですから。今日は余計なことを言わない方が……」と野中。

「そうですよ。先生はまずリエさんのことから頑張ってください」と池田。

まるで同僚のように二人から言われてしまった。でも予感が当たった。やっぱり彼らは副担任をするつもりでいる。悪いことばかりではないなと思いながら職員室に帰ると、一八七センチの長身を折り曲げるようにして、江口が入ってきた。どのクラスも問題を抱える連休明けの職員室は、雑然として落ち着かない。その澱(よど)みの中に颯爽(さっそう)と現れた江口に、私は思わず言ってしまった。

「君のようなかっこいいお兄さんが説得してくれたら、不登校の女子生徒の気持ちもほぐれるかもね」

簡単にリエの話をすると、江口は当然のように言った。

「そんな経験した子ほど演劇すべきですよ。先生、僕が勧誘しますから連れて行ってください」

でも急に行くと驚いてしまうかもと躊躇う私に、江口が畳みかけてくる。

「人の心を掴むには直球より意表を突くような変化球が効果的、って教えてくれたのは先生ですよ」

「いや、それは恋愛の話で……」

「人間関係の基本は恋愛！　でしょ。僕の車で行きますよ。先生の運転は怖いから」

追い立てられるようにしてリエの家へ。玄関を開けた母親は、私の後ろに立つ見知らぬ青年を不安げに見上げた。

「初めまして。副担任の……つもりの江口です。三年前に卒業して、今、演劇部の指導をしています。リエさんと話したくてついてきました」

爽やかに笑う江口に、驚きながらも奥の部屋に隠れているリエを呼ぶ。恐る恐る顔を出したリエも、玄関に立つ長身の青年に圧倒された表情で、「え？　どうして……」と小さく呟いた。

戸惑いで私と母親を交互に見つめるが、自分の部屋に逃げ込もうとはしない。あまりに予想外の展開なので、拒絶する余裕すらないのだろう。

その後、洋間に通された江口は、自分の体験を語り始めた。バイクを乗り回してワルと呼ばれていた中学時代、サッカー部のエースだったにもかかわらず先輩を殴って問題になった高一の頃。そして、演劇に出会った高二の夏から急速に変化していった自分の生き方について。

「僕は高校二年まで思いっきり遊んだし、我慢なんてしなかった。だから楽しかったし、不満もなかった。でも充実してたわけじゃない。だって感動したことなんかなかったんだから。でも演劇を始めて感動がどんなものか分かったんだ。本物の感動は、自分に対してするものだって」

下を向いて黙って聞いていたリエが顔を上げた。

「自分に対して？　どうやって？」

小さな声だがはっきりと江口に投げかけている。

「自分に挑戦して、自分の限界を超えようと努力する時、明らかに変わっていく自分を感じることが出来る。その感動をリエさんも味わってみないか？」

私と母親は隣の部屋で、ただ黙って聞いていた。そして私は、その日、担任としての発言をする必要はなかった。帰り際、ソファから立ち上がりながら江口が言う。

「じゃあ、明日放課後、雨天体育館で待ってるよ。二年の先輩にもリエさんのこと連絡しておくから大丈夫。じゃあね」

江口を見上げるようにして、小さなリエは必死で応えた。

「行けるかどうか、まだ分からないから……」

「いいさ、そんな時は俺が迎えに来てやるよ。心配するな」

いつの間にか「僕」が「俺」に変わっている。私は慌てて、「無理しなくていいのよ」と、ほんの少し担任としての発言をした。

帰りの車の中で、「彼女が来るかどうか分からないけど、練習を始めないとね。出来れば先生のクラスから四、五人入れてください」と指令が下った。

そうだ！　池田や野中の使命感に訴えて、まず彼らを部員にしよう。それから素朴で真っ直ぐな藤川、それにすでに入部している温和な山田がいるし……と考えていると、リエもきっとなんとかなると、根拠のない希望がふつふつと湧いてきた。


翌朝、「リエが座っていますように」と、心の中で繰り返しながら教室に入った。真っ先に窓側のリエの席を見て、「あー、駄目か……」と思いながら「おはよう！」と声をかける。前を向いて、「おはようございます」と返してくるのは半数程度。下を向いたままか、あるいは顔を上げていても視線は力なく彷徨っている。「引き籠もり」の若者が急増していると言われるが、その社会現象がまさに事実であると彼らは教えてくれる。まったくうんざりだと、思わず心の奥で呟いた。

しかも、今日は朝から彼がいる。肝心のリエがいないというのに、今日に限って朝のホームルームからちゃんと彼が座っている。

「ねえ、どうして今日は朝からいるの？」

彼に投げつけた言葉に、何人かが「え！　田原君、来ちゃいかんと？」とこっそり笑った。池田と野中は、険しい顔で「先生……」と呟く。

けれど当の彼は、素知らぬ顔で外を見ている。その横着な表情が腹立たしくて、再び彼に向かって投げつけた。

「この二日間、学校休んで何してたの？」

「カ・ラ・オ・ケ」

「へえ、君も歌ったりするんだ。一体何を歌うの？」

「何って、先生に言っても分かりませんよ。世代が違いすぎて」

平然と言葉を投げ返してきた彼に、クラスメイトたちがどよめいた。初めて聞いた彼の鮮明な声と、即答してきたその瞬発力。「やるねえ！」と思わず彼の顔をじっと見ていると、その瞬間、ドアがゆっくりと遠慮がちに開いた。なんとリエが立っている。

「遅刻してすいません」

か細いけれど意志的なリエの声が突然教室に響くと、周りの空気が一変した。「リエさん、よかった！」と、まるで担任のように池田や野中が明るく迎え入れ、リエも微笑みながら席に着く。

ホームルーム終わり際、私は慌てて「池田君、野中君、山田君、それから藤川君、お願いがあるから昼休み職員室に来てください」と頼んだ。

昼休み、昨日の顚末（てんまつ）を話し、彼らの使命感に訴えてみた。

「お願いだから、リエさんのため今日から演劇部に入って、山田君と一緒に活動を始めてください。君たちが一緒だったら、きっとリエさんも動き始めるから」

たとえ、まだ十五や十六の高校生だとしても、ここまで頼られると断るわけにはいかなかったのだろう。その日から彼らは演劇部のメンバーとして、リエとともに活動することになった。おまけに彼らはリエのため、三人の女子生徒も勧誘してくれた。


「リエさんのおかげですね。これで今年も大会出場決定！」

一気に部員が揃ったことを誰より喜んだのは、江口と梅野の二人の大学生。リエが来たあの日の放課後から、張り切った先輩たちの熱心な指導が始まった。

定期的に病院に通う野中とリエが時々休むものの、他のメンバーはとにかく毎日練習に参加している。そしてリエも何故か辞めるとは言わない。それどころか、あの日から朝少々遅れることがあっても、まったく休まなくなった。しかもクラスの野球部や柔道部とも笑顔で話せるようになっている。運動部は可愛い女の子にとにかく優しいから、こんな時は大助かり。八人という人数のおかげで、いつの間にか演劇部という存在がクラスメイトたちに認められるようになっていった。

3 孤立

——他者がいなければ孤独にならない。
しかし他者がいなければ、救いもない。

入学から二ヶ月が過ぎた。高校には週に一、二回顔を出す程度で、ダラダラと遊び回る生活が続いていた。そんな生活の中でも、未だに高校を退学せずにいるのは自分でも不思議だった。

「高校では自分を変える出会いが必ずある」

そう言った母親の言葉がまだ頭の片隅に残っていたからかもしれない。

僕がほとんど在籍していないクラスでは、僕を残しある程度の役割分担が出来始めているようだった。特に野球部の連中は、クラスのボスは俺たちだといった風な様子で、やたらと騒がしい。悪ぶった態度が鬱陶しくもあったが、ほとんど学校をサボり、登校しても夜遊びのために眠っているだけの僕にとってはどうでもいいことだった。特に絡んでくる様子もなく実害もない。たまに意を決したように近付いて来て、「ホストしよるって本当？」だったり、「ヤクザと繋がりがあるって本当？」だったりと、謎の質問をぶつけてくる程度だ。いまだにクラスで浮いている僕について、よく出所の分からない噂が飛び交っているらしい。

それよりも煩わしかったのは、「クラスをまとめよう」と張り切っている層だ。担任からの依頼ごとに、我こそはと手を挙げる数名の男子生徒の姿は、たまに目にするだけでもうんざりする。

中学の頃に、「真面目に学校に来るべきだ」と騒いでいた奴を思い出すからだろう。その男があまりにしつこいため、「何故お前は真面目に学校に行くのか？」と、逆に聞いたことがある。男は真顔でこう答えた。

「高校受験の内申書が悪くなるから」

やたらと気分が悪くなったのを憶えている。

なんだ、どこも同じじゃないか。教室で机に顔を伏せながら、喧噪の中、そんな思いが頭をよぎっていた。時間が経つにつれ、教室と僕の溝は開く一方だ。

「もう辞めてしまおう」

夏休みに入る頃には、そんな言葉がちらちらと頭をよぎるようになっていた。

他者がいなければ孤独にならない。

しかし、他者がいなければ、救いはない。

担任の記

やっと夏休み

――演劇部に苛立つ野球部員たち

「やっと夏休みか……」

新入生の担任をすると、夏休みは生徒より遙かに待ち遠しい。この三ヶ月で少しは人間関係が生まれてきたと思ったら、今度は野球部が演劇部に苛立ち始めた。

野球部員の多くが、俺たちはクラスの中心的な存在だと勝手に思い込んでいる。各クラスに野球部員が七、八人いるのだから、その発言力は確かに大きく、彼らがプライドを持つのは当然だろう。それが我がクラスには演劇部が八人。その中心の池田や野中は、誰に対しても恐れることなく理屈っぽく発言する。この理屈をこねるタイプを、彼らは最も嫌う。しかもクラスの中で、女の子を四人も交えて、部活の打ち合わせをしきりにしている。その楽しそうな光景が気に入らない。

「部活、部活って、偉そうにいうな！　演劇部は『あ・え・い・う・え・お・あ・お』って叫んでるだけだろ」

野球部員の一部が、演劇部の男子部員たちに対して、あからさまに攻撃するようになってきた。もちろん女子部員たちには、嫌みを言ったりはしない。

挑発に乗りやすい池田は「先生も注意してください」と訴えてくるが、「自分たちで対処すれば」と、しばらくは放置することにした。人間関係は縺れてこそ生まれてくるものだと、今までのクラスが何度も教えてくれたから。

すると夏休み直前、九月の文化祭での出し物が決まらず焦った池田が抗議してきた。

「文化祭の話し合いをしていても野球部が邪魔します。担任としてきちんと指導してください」

「協力したくない人に無理矢理させなくてもいいじゃない。やりたい人で楽しめばいいんだから」

無責任だと池田は怒ったが、どんな形でクラスが動いていくのか見てみたくて、とにかく自分たちでやってみてと突き放した。結局、八人の演劇部員としっかり者の数名の女子生徒たちが中心になって、クラスの意見をまとめたようだ。

「それでうちのクラスは何をすることになったの?」

「お化け屋敷です」

よりによってお化け屋敷とは！　内心かなり落胆したものの、とにかく自分たちで決めたのだからと了承することにした。それにしても文化祭が終わるまで、教室は雑然として落ち着かないだろうなとまたまた憂鬱になってしまった。

4 予期せぬ感情

――教室に踏み入れた足が、少し震える。無意識に口元が緩んでいた。

一年の秋口だった。文化祭の準備で慌ただしくなった教室の中で、興味のない話し合いを聞き流しながら机に顔を伏せ、ぼんやりと学校を辞めることを考えていたある日、クラスに奇妙な雰囲気が漂っていることに気付いた。

周りの生徒がひそひそと話をしている声が聞こえる。頻繁に学校をサボっていた僕は知る由もなかったが、どうやら文化祭実行委員とその他のクラスメイトが、ここ数日揉(も)めているらしい。

ざわつく教室に、突然一人の男子生徒の声が響いた。

「そんな文句ばかり言うなら、君たちは何もしなくていいよ！」

伏せていた顔を上げる。教壇に立つ男子生徒が真っ赤な顔で目をしばたたかせながら、震え気味に声を荒げていた。どうやら彼が渦中の実行委員らしい。

彼に対し、皆口々に、

「池田、うざい」

「勝手に決めんな」

などと舌打ち交じりに呟いている。

思わず黒板に目をやると、「お化け屋敷の準備」と書かれていた。準備のため放課後残る生徒を募っているらしかったのだが、協力の申し出に思うように人が集まらず、苛立った彼が独断で数名を指名し始め、クラスの反感を買ったらしい。

集団は共通の敵を認識すると団結する。

いつしか教室は実行委員の数名を除き、彼対その他の生徒の罵(ののし)り合いの場になっていった。特にクラスや行事に思い入れも興味もない僕は、その光景をぼんやりと傍観していたのだが、不意に苛立ちを覚えている自分がいることに気付いた。

自分でも予期せぬ感情に戸惑う。やり方はどうであれ、大勢に否定される彼に、少しだけ自分を重ねていたのかもしれない。

喧噪は、無表情なチャイムの音を合図に、燻りを残したまま終了した。

放課後、細々と文化祭の準備を始めた彼らを横目に、クラスメイトたちは次々に教室を後にする。何事もなかったかのように。僕もその流れの中にいた。

階段に反響する笑い声の中、ふと胸の辺りにつっかえを感じる。あの時感じた苛立ちがまだ残っていた。階段を下りる足が、止まる。次の瞬間、僕の足は教室に向かっていた。

がらんとした教室では、実行委員の数名が黙々と作業をしている。開けっ放しの扉の前で立ち止まり、やけくそ気味に声をかけた。

「なぁ。作るん、適当でもいいんか？」

あまりに意外な来客だったためか、瞬間、教室の空気が固まる。

彼らの表情はこわばっている。

「チッ！」

無意識に小さく舌打ちした。面倒になり踵を返そうとした矢先、少し上ずった震え気味の声が聞こえた。

「あ、ありがとう。えっ、本当に手伝ってくれるの？」

人から礼を言われたのは久し振りだった。体温が上がる。

「だけん……適当でいいなら手伝ってもいいっち言いよんやんか。……なんすりゃいい。ろくに話、聞いとらんかったけん分からん」

急に照れくさくなり早口でそう続ける。

「じゃあ、説明するから、こっちに来て」


教室に踏み入れた足が、少し震える。

無意識に口元が緩んでいた。

担任の記

放課後の教室にて

——文化祭を通して

文化祭直前、教室は段ボールが散乱して、果たして間に合うのだろうかと不安になる。ようやく通路らしきものが出来上がった日、帰りのホームルームで「せめて不要な段ボールやゴミは片付けて帰って」と指示したが、「スクールバスに遅れる！」との声を合図に皆バタバタと帰ってしまった。教室とは思えない散らかり方にうんざりしたものの、会議があるので取りあえずそのままにして職員室に戻った。

一年生はどのクラスも難航しているらしい。といっても展示や調べ物を選んだクラスは、結局数人の実行委員が文句を言いながら仕上げているのでほぼ済んだという。その点お化け屋敷は皆が動かないとできないので、遅くてもクラスのためには良いのかも知れないと、せめて自分を慰めた。その時教室のドアを開けっ放しにしてきたことを思い出し、私は急いで階段を駆け上がった。

教室に入ろうとすると、誰が片付けたのか少し整理されている。不思議に思って中を覗くと、一人の男子生徒が腰を曲げて、箒（ほうき）でゴミを一カ所にまとめていた。隅に溜まったゴミも、短い箒で力を入れて綺麗にしていく。キビキビと動くその背中は、力強く美しい。意志的な身体の動きをしばらく見た後、後ろから突然声をかけた。

「田原君、君は綺麗な掃除の仕方をするのね」

不意に聞こえた声に明らかに驚いた表情だったが、すぐにいつもの彼に戻って、にこりともせず応えた。

「掃除くらいしますよ。母子家庭ですからね、ウチは。母一人にさせるわけにはいきませんから」

田原特有の、潔く素早い返し方。そしてこれ以上話しかけるなと言わんばかりの冷たさで、再び箒を動かし始めた。「ありがとう」とだけ言って、私もその場を離れ職員室に戻った。そういえば文化祭の準備が始まってからは、以前より学校に来て池田たちの中心グループで手伝っている。その時、雨天体育館から演劇部の発声練習の声が聞こえてきた。私は急いで、大学の授業を終えて指導に来てくれている江口先輩と梅野先輩を呼び出した。

「確か大道具を作る部員が足りないから困るって言ってたでしょ。間違いない生徒を見つけたから勧誘して」

「今回の柿の樹は舞台中央にそびえ立たせたいんです。シンボルですからいい加減なやつでは無理ですよ。それに勧誘って、希望者じゃないってことですか？」

「今、たった今、彼をどうしても入れたいって思った。彼はそんなことまったく知らないし、入るなんて考えてもない。でも絶対彼なら出来る。だから文化祭が終わったら彼を呼び出すから、二人の力で何とかして入れて」

「また無謀な話ですね。でも先生の直感を信じましょう」

笑いながら二人は雨天体育館に戻っていった。

④［担任の記］放課後の教室にて

二日後、やっと文化祭が終わり、落ち着きを取り戻した朝の教室。幸運なことに、ホームルームから彼はちゃんと来ている。そしてこれまた幸運なことにちゃんと机に張り付くようにして寝てくれている。私はさりげなさを装いながら、皆に向かって切り出した。

「実は先週、このクラスに素敵な生徒がいたことに初めて気がつきました。素敵なのでその彼を演劇部に入れます。いえ、もう彼は演劇部に入るしかない！　そう決めました」

「どういうこと？」「それって誰！」「素敵な彼って誰？」騒ぐ女子生徒。

「ゴメン、先生。せっかく誘ってもらったけど、俺には野球があるし」とお調子者の野球部員たち。

「違う違う、君たちじゃない」と言いながら、再び続けた。

「今日の放課後、その彼には雨天体育館に来てもらいます。絶対に来てもらいます。いいですね、田原君！」

すると教室から一斉に「えー！」という驚きの声が起こった。びっくりした表情で顔を挙げた田原。

私はすかさず「田原君、いいですね。今言ったように、放課後、雨天体育館に来てください。必ずです」と、言い放った。彼はきょとんとした表情で、理解しないままただ「はい」とだけ返事した。教室を出る間際、「お前、はめられた！」などという声が聞こえたが、田原が追いかけて来ることはなかった。

いったん「はい」と言ったからには、どうであれ約束は守るに違いない。彼はそういうタイプだ。いや、そういうタイプの筈だ。後はとにかく先輩たちに任せよう。

5 スイッチ

——僕のリスタートの号砲が、遠くの空で鳴っていた。


「ガービッジ」

中学の頃、友人が美術の課題で提出した自画像の題名だ。

教員に意味を問われたので和訳を伝えたところ、顔を真っ赤にして怒鳴られたと笑いながら教えてくれた。

「で、何て意味？」

「生ゴミ」

そう言って彼はまた笑った。

「何で怒られたんか分からんな」

僕も笑いながらそう答える。

座り込んだ路地裏から見える青空はやたらと眩しくて、何だか作り物のように見えた。

高校に入学してから半年、自分を変えたいと意気込んではみたものの何の糸口もつかめない僕は、無気力に蝕まれ、高校を辞めることばかりを考えながら過ごしていた。

その日もたまたま気が向いて登校しただけの日で、退学届けはどこに出せばいいのだろうとぼんやり考えながら机に顔を伏せ、帰りのホームルームをやり過ごしていた時のことだ。

突然、名前を担任から呼ばれた。

何かの流れがあったようだったが、まったく耳に入ってなかった僕は、意味も分からずとりあえず顔を上げる。

「田原、あなた後で雨天体育館まで来なさい！　いいですね？」

顔を上げた僕に担任のはっきりした言葉が飛んできた。まったく訳が分かっていなかったが、勢いに押され生返事する。周りがやけにざわついていた。

颯爽と教室を出て行く担任の背中をあっけにとられ眺めていると、池田が声をかけてきた。

どうやら数日前に終わった文化祭の件で担任に思うところがあり、僕は呼び出されたらしい。

彼は実行委員をやっていたため、文化祭以来たびたび僕に話しかけてくる数少ないクラスメイトだ。まとまりのないクラスの中で、的外れな孤軍奮闘を繰り返していた彼の姿に自分を重ねるところがあり、気まぐれに手伝いに参加した文化祭だった。

話を聞きながら、片付けをしていた際に担任に声をかけられたことを思い出す。

「あなた、きちんと箒を使えるのね」

突然にそんな言葉をかけられた。小馬鹿にされたような気がしてムッとする。

「うち片親なんで、掃除くらいしますよ」

ぶっきらぼうに返した。

中学時代から教員という生き物に辟易(へきえき)としていた僕の態度は、相当に悪かっただろう。呼び出して小言でも言われるのか。うんざりした気持ちになり無視しようとも思ったが、退学を告げるのにちょうどいい機会かとも思った。

「どこに来いって言いよった?」

「えっ? 聞いてなかった? 放課後、雨天体育館にって言ってたよ」

「それどこよ?」

「演劇部の練習場。って言っても知らないよね……。案内しようか? 僕、演劇部だし、今日も練習あるから」

どうやら担任は演劇部の顧問らしかった。

呼び出しなら職員室でもよかろうに。またうんざりした気持ちになったが、なぜだか申し訳なさそうにしゃべる池田に苦笑いしながら答えた。

「そんなら頼むわ」

夕方の雨天体育館には、すでに演劇部の面々が集まっていた。室内の一角では空手部が組み手をしている。居心地の悪さもあったが、さっさと終わらせてしまおうと担任の姿を探す。しかし、どこにも見当たらない。おいおい、自分から呼び出しておいてなんなんだ。面倒になり、学校を出ることも考えたが、諦めた。

うちの学校は自宅から遠方にあり、交通の便も悪い。近くにバイクを持った友だちの家もない。連絡がついてもどうせ面倒がるだろう。次のスクールバスを利用する以外帰る方法がない。そこで担任に待ち伏せでもされたら余計に面倒だと思った。

舌打ちしながら、近くにあったパイプ椅子にドカッと腰を下ろした。周りの視線が煩わしくて窓の外に目をやる。

その時だった。

「おつかれ～」出入口の方で声がした。

ストレッチなどを始めていた演劇部員が、その声に立ち上がり背筋を伸ばす。「こんにちは！」部員が口々に大声で挨拶をしている。

何だと思い、出入口に視線をやると、入って来る二人の男の姿が見えた。一人は背が高くがっしりとした体格で、えらく堂々とした雰囲気がある。もう一人は飄々（ひょうひょう）とした印象の男だ。空手部の関係者かと思い視線を戻そうとした矢先、体格の良い方の男と目が合った。微笑みながら男が近付いてくる。何だと思い、立ち上がり構える僕に、明るい声が飛んだ。

「おお！　君が田原か！」

当たり前のように自分の名を口にされ、戸惑う僕に男が続けた。

「すまないけど少し待っていてくれないかな？　後で説明する」

そう言って微笑み、演劇部員の方へ向き直ると集合の声をかけた。あまりの「当たり前感」に、僕は突っ立ったまま混乱していた。

何だ？　説明？　何の？　というか、あんたら誰？　頭の中でいくつもの疑問が浮かんでいた。

「えっ？　あの……」

男の背中に声をかけようとした時、担任が現れた。やっとの登場に悪びれる様子もなく、僕の姿と先ほど来た二人の男を見ながら微笑んだ。

「よかった。もう会えてたのね」

その言葉に余計頭が混乱する。

集合していた池田と目が合った。視線をそらす彼を見てはっとする。お前、何か知ってたな。戸惑う僕をよそに演劇大会に向けた練習が始まる。

「大きい方が江口先輩でこっちが梅野先輩。演劇部の指導をしてもらってるの」

訳も分からずぽかんとしている僕をよそに、担任は誇らしげに彼らを紹介した。呼び出された時は小言でも言われるのかと思っていたが、どうやら違うらしい。

ふと、嫌な予感が頭をよぎる。いつまでも生活態度の悪い僕を更生させるために、「先輩に何でも相談してみろよコーナー」でも開かれるのではないか？　と思ったのだ。

冗談じゃない。余計なお世話だ。もしそうなら適当に相槌をうった後に、担任に退学を告げてやろう。そう思っていた。案の定、「じゃあお願いね」と言葉をかけ、担任はその場を離れる。気を許すものかと、僕は二人を睨み付けた。

しかし、身構える僕にかけられた言葉は、予想外なものだった。

「君に樹を作って欲しいんだ」

そう言った背の高い男の顔はにこやかだったが、真っ直ぐに向けられた視線に僕はたじろいだ。もう一人の男も隣で頷いている。突然の申し出に戸惑う僕に、その男が続ける。

「君に任せたい。大事なセットだ。思うようにやってくれ」

穏やかで、真剣な声だった。

「今から練習に入るから、今日は舞台の雰囲気を見ていてくれ」

そう言って二人の男は演劇の指導に戻る。

僕は何の返事も出来ないまま傍の椅子に腰掛けた。心臓の音がバクバクとうるさい。見るともなく見ていた練習は、いつの間にか終わっていた。

次の日、いつものように学校をさぼり仲間らの家にでも行こうかと思ったが気乗りせず、行く当てもなく家を出る。ふと昨日の先輩の言葉を思い出していた。

「君に任せたい」

そんな言葉をかけられたのは初めてだった。億劫（おっくう）な気持ちもあったが、いつの間にかスクールバスの停留所まで来ていた。

教室で顔を合わせた担任は、特に何を言ってくるでもなくいつも通りの様子で、少し拍子抜けした気分になる。結局一日、行くか行かないかグルグル考えていたら放課後になっていた。

また先輩の言葉が浮かぶ。背中を押されるように、僕は練習場へ向かう。先に来ていた先輩や演劇部員は、当たり前のように僕を迎え入れてくれた。

僕のリスタートの号砲が、遠くの空で鳴っていた。

顧問（担任）の記

雨天体育館にて

――十一月の演劇大会に向けて

文化祭が終わったその日の放課後から、演劇大会に向けての練習が始まった。二年生の部員たちとともに、八名の一年生部員たちも基礎訓練に汗を流す。その中にはちゃんとリエがいる。ほとんど休むことなく二学期を迎え、しかも十一月の演劇大会で初めて舞台に立つことになった。

「もちろん舞台に立つよな！　リエ」

江口先輩の迫力に押されるようにして、リエは「はい」と返事したのだ。

「リエが決意したんですから、先生も早く脚本仕上げてくださいよ」

二人の先輩からの厳しい指令を受けて、私も脚本作成を急いだ。

現実から遊離してバーチャルな世界に身を置きたがる高校生と、彼らとは対照的な無垢（むく）な少女たち。舞台中央には、少女たちを見守る大きな一本の柿の樹。

その少女の一人をリエが演じることになった。リエも毎日必死で基礎訓練に取り組み、声を出している。体力的に不安ではあったが、本人の気力に期待して、皆と同じメニューで練習を続けた。

そして、もう一人。

なんと雨天体育館の片隅には、何枚もの段ボールと格闘している男子生徒。

「田原、お前が作る柿の樹が主役みたいなものだから、出来るだけ大きな柿の樹を作って欲しいんだ。俺たちにも作り方は分からん。時間かけてやってみてくれ。頼むな!」

先輩たちにそう言われた日から彼は休むことなく練習場にやって来て、段ボールをどう組み立てれば大きな樹のように立つのかと、毎日毎日試行錯誤を繰り返していた。制服のまま作業をしているので、ズボンが随分汚れてしまうのが気になるが、あえて何も言わず私も「よろしく!」と声をかけるだけ。本来なら裏方担当ももちろん、体操服に着替えてともに基礎訓練をするのだが、田原だけはそうした練習に参加せず、来たらすぐ樹の作成に取りかかっているようだ。

ルールに厳しい先輩たちも、彼にはまったく口出しすることなく、全て彼に任せきっている。

おそらく演劇部に入部したのではなく、あくまでも手伝いに来ているのだという田原のスタンスを、しばらくは尊重しようということなのだろう。

どうやら先輩たちには、たいした話をしなくてもその心情がよく分かるようだ。田原も「どうすればいいか分からないけれど、とにかくやってみるので時間をください」と言うだけで、一切相談することなく初めての大道具作りに挑戦し続けた。けれど、なかなか思うように出来ず、しばらくすると一人残って作業をしたいと先輩に申し出たようだった。

「いいぞ、送ってやるから。先生、帰ってください。田原はきちんと送り届けますから」

そう言う先輩たちに、田原も素直に「お願いします」と頭を下げる。私は嬉しくなって、「食べたいものリクエストして」と近くのコンビニに買い出しに走り、帰ってくると雨天体育館から笑い声が聞こえてきた。三人で何か話している。「遅くならないように田原を送ってね」と、おにぎりや飲み物を置いて帰りながら、何かが始まる予感がして胸が躍った。

練習を始めて一ヶ月。新人ばかりの舞台ながら、徐々に形になりつつあったある日、リエの主治医から電話があった。

「演劇の舞台に立つ、とリエさんから聞きました。いささか慌てました。せっかくここまで改善されてきたので、突然、演劇というのは冒険過ぎるのではと思いまして」

思いがけない電話に、私こそ少々慌ててしまった。パニック障害について深く知らない私からすれば、やってみようという本人の意志が一番だとしか思えない。けれどプロである先生が言うのであれば、果たしてこのまま突っ走っていいのかどうか？　迷いながら、とにかくリエの母親に、リエにとって危険なことをさせようとしているのではないかと電話した。

「正直言って、娘が初めての舞台の重圧に耐えられるのか、私にも分かりません。本人にも分からないと思います。けれど娘は、何もしないまま後悔したくないと思ったに違いありません。もし、その重圧に負けてまた引き籠もってしまったら、あの時のように先輩と一緒に来てもらえますか？　先生、またゼロから再スタートしてもらえますか？　とにかくやらせてください」

母親の言葉を聞いた先輩たちは、「ますます楽しくなりましたね。今回は田原とリエがどんな物語を自分たちの手で創り出してくれるのか、見せてもらいましょうよ」と、二人顔を見合わせ、愉快そうに笑った。

6 お前に任せる
——必要とされることが僕の背中を押していた。

目的と居場所、必要とされることが僕の背中を押していた。

「お前に任せる」

二人の先輩からそう告げられた日から、僕は毎日演劇部に通うようになっていた。樹を創るために学校に行く。気がつけばあの日以降、学校をさぼることがなくなった。

当たり前なのだが、学校に行くようになると、次第に話をするクラスメイトが増える。舞台を創るという同じ目標を共有するためか、演劇に関わっているメンバーとはよく話すようになった。

初めに言葉を交わすようになった池田、早くから入部していた山田、そして池田の友だちだった数名の男子生徒が中心だ。演劇部には僕と同じように、助っ人として参加しているメンバーが数名いた。弓道部の藤川、野中そして吉永。それぞれ以前なら関わりを持たなかったであろうタイプ、要するに真面目で品行方正といったタイプだ。

稽古場の片隅で段ボールを広げ、ペンキまみれになりながら見様見真似で樹を創る。その傍（かたわ）らで役者の池田や藤川が立ち稽古をしている。二人とも問題のある生徒に頭を悩ませる教師の役らしい。あぁ、あんな教師いたなと苦笑いしながらセリフを聞く。

「なあ田原君、腹が立った教師の言葉とかない？」

休憩中など池田からアドバイスを求められる。そうすると決まって藤川も、「高圧的な体育教師ってどんなこと言うやか？　何かない？」とそこに参加してくる。どうやら二人はライバル関係らしい。頑固で理屈っぽい池田も、バック転もこなす体育会系の藤川も、互いの役がとても似合っていた。

二人での場面も多く、意見がぶつかりヒートアップすると、必ず照明の野中が諌（いさ）める。どこかどっしりとして落ち着いた印象が野中にはあった。

「まぁまぁ、熱くなりすぎなさんな」

上背こそないが、どこか年長者のようなその雰囲気は、まるで会社の重役のようだ。そして、その一部始終をニコニコしながら見ている吉永は今回の舞台でピアノを弾くらしい。「ちょっとなら弾けます」、そう言ってみんなの前で披露したピアノはとても美しいもので、演劇部の女子生徒から一躍王子様認定を受けていた。物腰が柔らかく、謙遜が嫌味にならないタイプだ。

十七時を過ぎると、演出の梅野先輩、江口先輩がやってくる。

「お疲れさまです！」

部員が口々に挨拶し、稽古場の空気がピンと張る。皆一様に背筋が伸びる。二人の登場が本格的な稽古に入る合図だ。

「よし、シーン四から今日は始める」

その指示を受け、部員たちが配置に付く。先輩たちから今日も檄が飛ぶ。

「稽古の最中、俺たちを窺（うかが）うな！　それは逃げている証拠だ」

「もっと熱くなれ、それが全力か！」

僕は演劇なんてまるで分からなかったが、それぞれが真剣に取り組んでいる姿を傍らで見ていることに、意外だが心地よさを感じていた。その空気が、「もっと良いものを創りたい」と僕自身に欲を持たせている。自分のやることに欲を持つなんていつ以来だろう。そんなこと、とうに諦めていたのに。

あんなに持て余していた時間が、あっという間に過ぎていく。気が付けば本番まで一ヶ月を切っていた。樹の製作は創っては壊しの繰り返しで難航していたが、部員も含め先輩たちも手を出さず見守ってくれている。「あいつはやり遂げる」、そう信じてもらえている気がした。何とか観た人が感動するものを、心に残るものを創りたい。真剣に舞台をやっているみんなの力になれるものを創り上げたい。うちの高校には大きな樹が何本かあり、何度もその樹を見に行った。観察をして、再現を試みる。

本番まで十日を切った頃、試行錯誤を繰り返しながらようやく納得のいくものが出来始めたところで、問題が起きた。

存在感を出すためにどんどん大きさを増していた樹は、素人の作った簡単な骨組みだけでは立てることが難しくなっていた。全体像を見るため、ここ数日は横倒しにして作業をしていたことが仇（あだ）になった。無理に立てようとすると、どうしても中心部辺りからたわんでしまう。焦りから補強と立て直しを何度も繰り返した結果、とうとう樹は中程のところでポキリと折れてしまった。瞬間、頭が真っ白になる。

「すみません」

自分への情けなさから不意に謝罪の言葉が洩れた。不安そうな部員たちの視線を感じる。江口先輩が樹の折れた箇所を確認している。

「もう、さすがに間に合わない……ですよね」

弱気になり、そう口にした瞬間、先輩が真っ直ぐな視線をこちらに向けた。

「本当にいいのか？　諦めるのか？」

「これまで創るのにかかった時間を考えたら……、それにどう立てればいいのかも分からない。さすがに間に合わない……」

「間に合うかどうかじゃなくて、諦めるのかって聞いてるんだ」

「諦めたくは……ないんですけど……」

「じゃあ、やり遂げてみせろ。といっても時間はない。俺も道具には詳しくないが、どうにか手立てを考えるから、いったん修復の作業に入れ」

「……はい」

先輩の指示を受け、折れた樹を立ち稽古のスペースから隅へと移動する。ずるずると引きずりながら、まるで自分が前線から撤退する兵士のような気持ちになる。

補修をしながら試行錯誤するが、やはりうまく立たない。今日、稽古場が使えるのはあと二時間ほどだ。その間にせめて打開策だけでも見つけておきたかったが、頭が回らない。考え込み、時間だけが過ぎる。しかし、何もしないままでいるわけにもいかない。樹をもともとの半分に切り、一応立たせてみるが、今度は存在感に欠ける。納得がいかずまた樹をつぎ直す。やはり高さが欲しいが、立てる見込みが立たない。気付けばもう補修を始めてから一時間ほどが過ぎている。

再び途方にくれていると、大会の打ち合わせに出ていた顧問が戻ってきた。隣に恰幅(かっぷく)のいい中年男性を連れている。見たことのない顔だった。

「君が田原君か。よくこれだけ大きな樹を創ったな」

男はにこやかな表情でこちらに近付くと、当たり前のように樹を確認し始めた。この男は一体誰？　しかも何故僕を知っている？　状況が飲み込めない。最近はこんなことばかりだ。

「田原、五條先生だ。お疲れさまです。会合中だったのに無理を言ってすみません。来て頂けて助かりました」

江口先輩が紹介してくれた。

「先生は大道具に詳しい。いろいろなアドバイスをもらうといい」

初めて会った人間にあれこれと手直しをされることへの苛立ちよりも、とにかく本番に間に合わせたい思いが勝った。僕はすぐに指示を仰ぐ。

「立たせたいんですが、何か方法はありますか？」

「いや、この大きさじゃ立たせるのは無理だ。円形じゃなく平面に切ってしまって上から吊ろう」

「樹に存在感を持たせたくて、出来れば平面にしたくないんですが」

この期に及んで、まだ食い下がろうとする僕の言葉を聞き、その人は楽しそうに笑いながら答えた。

「安心しろ。吊り下げて照明を当てると浮かび上がって見える。君がやりたいイメージはわかった。一緒に創り直すぞ。いいか？」

もともと藁にもすがるという思いであったが、しっかりこちらの目を見て話してくれるこの人を信じようと素直に思った。

「はい、ありがとうございます。よろしくお願いします」

樹を切り、吊るための骨組みを作り直す。教えてもらった工程を確認しながら作業を続ける。それから数日かけて奮闘し、なんとか樹は仕上がっていった。あとで知ったことだが、その人は五條先生といい、以前うちの学校に勤務していたそうで、現在は他校で演劇部の顧問をしている方だとわかった。

舞台設置当日、大会が実施される「サザンクス筑後」という会館に樹を運ぶ。会館の駐車場に樹を拡げて、僕はギリギリまで調整を続けた。

「大道具を搬入してください！」

本番前の仕込みで、会館スタッフから指示が出る。緊張で体がこわばる。力みで樹を壊さないよう慎重に舞台に運んだ。池田と藤川が端を支えてくれている。

初めて上がった舞台は稽古場以上に独特の空気があり、気後れしそうになる。上を見上げると、たくさんの照明と吊り物のためのバトンがある。僕からすればまるで異空間だ。

「よろしくお願いします」

不安を振り払うつもりで、精一杯頭を下げた。何度も壁にぶつかり創り直した樹はとても不恰好で、まるで自分の投影のように思えた。「こんなものは吊れないよ」、そんな言葉が返ってくるのではないかと少し不安になる。しかし、会館スタッフから出た言葉は逆のものだった。

「いいねえ。大道具は君かな？　名前は？」

「田原です」

「田原君、今から樹をこのバトンにつけて吊り下げるけど、高さを見て欲しい。おそらく枝がこの長さじゃ上の幕に当たって邪魔になると思う。場合によっては切ってもいいかな？」

「はい。わかりました。よろしくお願いします！」

いったん吊り下げてもらい、確認すると確かに枝が上の幕に引っかかる。最後まで吊り上げられず樹がたわんでしまう。再度下ろしてもらい枝を切る。

「この長さなら引っかかりはしないと思う。これで完成ということでいいかな？」

「いえ……、あの、バランスが変わったので枝の位置を変えてもいいですか？」

遠慮がちに喋る僕に、スタッフは笑って答えた。

「もちろんだ。君の樹なんだから。時間内に補修してくれれば何の問題もない」

「ありがとうございます。すぐに道具を取ってきます」

そう言った僕をスタッフが止めた。

「時間がもったいない。俺たちが君の指示で手直しをする。全体像は客席からの方が分かるから、そこから見て指示をくれればいい」

言われた通りに僕は客席へと下りる。確かに近くで見るのと見え方が変わる。自分なりに納得のいくバランスを探す。

「すいません。右の枝、もう少し下でお願いします」

「分かった。この辺かな？」

「そのままでもう少し角度をつけてください」

「おお。こだわるねぇ」

笑いながらそう口にするスタッフに馬鹿にしたような様子はなく、むしろこちらの要求を面白がってくれているようだった。何だか大それたことをしているような緊張の中、必死で指示を飛ばした。

スタッフの協力もあり、何とか無事に樹が吊り上がる。安心感からようやく周りを見渡す余裕が出来た。他の部員や先輩たちが見守ってくれていたことに気付く。他校の顧問であるにもかかわらず、五條先生も様子を見に来てくれていた。

「ありがとうございました！」

スタッフはもちろん、みんなへ向けて、精一杯のでかい声で叫ぶ。感謝の思いが心の底から溢れ出た。

舞台から外へ向かいながら、少しだけ寂しい気持ちになる自分がいた。セットは今日会館に置いていく。もう手を加えることは出来ない。振り返り、バトンから下ろされていく樹をもう一度見る。明日が本番だぞ。心の中でそう声をかけた。

7 幕が上がる

——馬鹿みたいに明るくて広い空が見えるような気がした。

当日、自分でもびっくりするほど早く目が覚めた。前日、会館への送りを母に頼んでいたが、さすがにまだ寝ているだろうとそっと台所へ向かうと、母はもう起きて支度を終えていた。

「おはよう」

声をかけると、母も驚きながら挨拶を返した。

「おはよう、あんたやけに早く起きたねぇ」

テーブルの上に置いてあるパンを口に突っ込み、急いで僕も支度する。休日に制服を着るのは何だか妙な気分だ。普段はろくにしないネクタイを首元まで締め、「よし」と心の中で気合いを入れた。

会館までは車で三十分ほどかかる。車の中では母の好きなバンドの曲が流れていた。ロックバンドのアップテンポな曲が、今日は応援歌のように聞こえる。

「ごめんな、仕事せっかく休みなんに朝早くから」

走り始めた車の中で話しかけた。母は前日まで働き通しだ。いつも休みの日は死んだように眠っている。もともと喘息があり、平日に気を張っているためか、休みの日には発作が出ることも多かった。いつもならまだ寝ている時間だ。

「なん気持ち悪いこと言いよっと。このくらい何でもないよ」

「でも、いつもやったらまだ寝とる時間やんか。こんな早く出らんでもよかったし」

「私も何か妙にそわそわして目が覚めたっちゃんね」

そう答える母は何だか楽しそうだ。

車の中では変わらずロックバンドの応援歌が流れている。

会館に着き車から降りる際に、背中から大きな声が聞こえた。

「胸張って行っておいで！」

振り返るのも照れくさく、背を向けたまま片手を挙げて答えた。

早めに着いたにもかかわらず、会館は他校の生徒やその関係者で大いに賑わっている。初めて自分が関わったものが今日、日の目を見ることにそわそわしながら、集合場所のロビーにあるソファに腰を下ろしみんなを待った。ほどなくして池田や藤川が入ってくる。二人とも妙に集合が早い。きっと同じ気持ちなのだろう。

「おはよう。二人とも早いやん」

声をかけるとこちらに気付いた二人が駆け寄ってきた。

「いやいや、そう言う田原も早いやん」

池田が笑いながら答える。いつの間にか以前は付いていた「君」はなくなっていた。それを自然に受け入れている自分がいる。

「特にやれることないんやけど、何か早く会場に行きたくて」

不安げな表情でそう言う藤川。

「なんや？　二人とも緊張しとんのか？」と茶化すと、「当たり前やろ！　初舞台やぞ」と強い言葉が返ってきた。

「それにしても、今日はちゃんと制服着とるやん。すごい。真面目に見える」

藤川がこちらをまじまじと見ながら言う。「うるさいわ。俺は根が真面目なんよ」と答えると、「嘘つくなって！」と池田から報復をくらった。

三人で目が合い、笑い合う。

「ちょっと！　うるさいよ！」

怒りながらやって来たのは役者のアキだ。自分にも人にも厳しいアキは、とにかく気が強い。部活中ふざけていると大体怒られる。アキの後ろにはリエの姿も見えた。リエが今回の舞台のヒロインだ。僕が学校に行くようになった頃は落ち着いていたので知らなかったが、中学時代から何かと塞ぎ込んでいたらしい。怒るアキを微笑みながら見ているリエの姿からは、あまり想像がつかなかった。

間もなくして他の部員たちも集まり始めた。アキと仲のいいケイコがいつものように明るい声でやって来ると、ようやくアキも笑顔になった。音響担当のアイコも「あれだけ努力したんだから大丈夫！」と、穏やかな表情で役者たちに声をかけている。ただ普段どっしり構えている野中は、珍しく緊張しているようで余裕がない。初めて本番で照明の操作をするのだから無理もないだろう。先輩たちを待っている間も、目を閉じ集中力を高めている。他の部員もそれぞれいつもより表情が硬い。

ピアノを弾く吉永は、みんなとは違い余裕を見せていた。普段からピアノの発表会に出たりと人前で弾くことが多いらしく、舞台上は慣れたものらしい。余裕のある物腰の柔らかさも、そんな自信から来ているのかも知れない。

「まあ、みんなあれだけ真剣に練習したんやから、力抜いていこうや」

柄にもなく僕は、みんなに向かって声をかけた。視線が集まる。

「俺は本番始まったらやれることないけんさ。樹が落っこちてきても舞台に上がれんし。やから、もしそうなったら役者やら照明やら音響やらでどうにかしてくれな」

そう言うと吉永が笑った。

「そんな時は、樹を片付けている間僕が一曲演奏するよ。僕に照明を当ててもらって他の所は暗くして……」

「ちょっと、縁起でもない話するなよ」

野中が慌てたように顔を上げ、笑いながら言う。それに藤川や池田が続いた。

「いやいや、役者がどうにかするけん照明は消すなや。『あっ！　樹が倒れた』とか言うけん」

そんなバカ話をしていると、少しずつ笑いが伝染したのかみんなの顔にふっと笑みが浮かんできた。

「おう。みんな集まってるみたいだな！」

背後から大きな声がした。先輩たちと顧問の登場だ。

「今日はどれだけのものを見せてくれるか楽しみにしている。思い切ってやって来い！」

江口先輩の激励で、皆気合いを入れ直し、楽屋へと移動を始めた。僕に出来るのは、彼らに舞台を委ね、成功を祈ることだけだ。僕たちの本番の前に二校の上演があり、空き時間が二時間ほどある。バタバタするみんなを見守っていると、江口先輩から声をかけられた。

「他の高校の舞台も観てみるといい。特に二校目の高校は顧問の演出が凄い。勉強になるぞ」

確かに、今までろくに演劇を観たことなどなかったなと思い、言われるままに客席へ向かってみた。とは言っても、自分が関わる部に対しては思い入れがあったが、演劇に興味などなかった僕は、何の期待もなくぼんやりとした気持ちで客席に座っていた。

一校目の上演が始まる。話の内容も頭に入らず、壁にあるデジタル時計に目をやる。寝てしまいそうになるのを必死で堪えているうちに、ようやく一校目の上演が終わった。これは二校目も危ないかもしれない。先輩は勉強になると言っていたが、やはり演劇鑑賞は性に合わないらしい。感想でも問われたらどうしようか、欠伸（あくび）をしながらぼんやり考えていると、二校目の開演のブザーが鳴った。会場が暗くなると、ますます億劫な気持ちが大きくなった。

幕が上がり、役者が最初のセリフをしゃべった瞬間から、先ほどの高校とは明らかに空気が違っていた。雑味がないといったらいいだろうか、とにかくどの役者のセリフも透明感に溢れている。しかし個性がないといったわけではなく、どの役者も目を引く。とても綺麗な絵を見ているような、そんな気持ちになった。

夢中になっていたことに気付いたのは、幕が下がり始めた頃だった。思えば、一度も時計を見ていない。会場は大きな拍手に包まれていた。

今から昼食休憩、そして、それが終わればうちの本番だ。「よりによって、こいつらの次かよ……」、心の中でそう呟いた途端、「望むところや」という言葉が不意にもれた。自分が舞台に立つわけでもないのに、僕はすっかり臨戦態勢でいる。そのくせ、凄いことをやってる同世代がいることが妙に嬉しくて、控室へ向かう足取りが自然と速くなった。

控室には卒業生や親たちからの差し入れが並んでいた。みんなでそれをほおばる。それぞれ緊張はしているようだが、朝イチほどの硬さはない。

「今の高校の舞台どうやった？」と隣に座る池田が尋ねて来たので、「凄かった。あんな世界もあるんやなぁって思った」と僕はやや興奮気味で答えた。すると、「マジか……。僕らそれの後にやるとかぁ」と池田が弱気な様子で言う。

「俺はお前らも負けとらんと思うぜ」

僕は本心からそう伝えた。伊達にずっと横で練習を見ていたわけではない。

「真剣にやってきたんやから、全部ぶつけて来いよ」

そう言うと、藤川が「燃えてきたあ！」と明るい声で叫んだ。その声を合図に、「僕もなんか気合が入って来た」と、池田も最後の踏ん切りをつけたようだった。

本番開始まであと十五分。裏方は準備のため、役者より先にスタンバイする。僕は樹を吊り下げるため舞台へ、野中は照明操作のため調光室へ向かう。

「本番、がんばれよ！」

みんなに向け簡単に声をかけた。気合の入った彼らにはそれで十分だと思った。

舞台での作業も問題なく終わり、「本番もよろしくお願いします！」と、スタッフと樹に頭を下げ、僕は客席へと向かった。

客席は思いのほか人でごった返していたが、空いている席を探して腰を下ろした。最後まで樹が無事に吊り下がっているだろうか、そんなことを考えていると緊張がさらに増してくる。

その時だった。不意に後ろから聞き慣れた声がした。

「あ、照さんやん」

振り向いた僕は、思わず立ち上がってしまった。

「嘘や、何しに来たん？」

そこには母親と、中学時代からつるんでいた邦明と勇一がいた。真面目な高校生の中なので、茶髪に金髪、ピアスだらけの二人はやたらと浮いていて、少し笑えた。来るなどと思っていなかったため、何となく照れくさい。

「俺、出るわけやないとぜ」

ぶっきらぼうにそう言った僕に、母が言う。

「あんたが初めて真剣にやったことを、見らんでどうすっと」

「照さんがどんなことしよるんか見に行くよ！って総師（そうすい）に誘われたっちゃん」と邦明が言うと、「あんたらその呼び方、外ではせんでって言いよるやろ！」と母が邦明を小突いた。邦明や勇一は、いつも母のことを「総帥」と呼ぶ。「いいやん、総帥は総帥やん」と言う邦明に、勇一も「俺らのボスなんやから」と笑いながら続けた。「もう！」と母もあきれ顔になった。

そうこうしているうちに、開演を知らせるブザーが鳴り、幕が上がった。

幕開きと同時に吉永のピアノ演奏が始まると、生演奏に気付いた客席がどよめいた。野中の照明で舞台は明るくなり、リエのセリフが始まる。照明を受けた樹は、僕の不安をよそに堂々とそこにいた。そこに自分が立っているように思え、少しだけ誇らしげな気持ちになる。池田や藤川が滑稽な教師の会話で会場に笑いを誘い、アキは生徒の言葉を堂々と教師にぶつけていく。

「ほら、負けてねぇやん」

最後のシーンまで懸命にバトンをつないでいく彼らを見守るように、舞台中央の大木はしっかりと立ち続けた。幕が下りた瞬間、会場は拍手に包まれた。まるで自分にも向けられたもののように思えて、胸が熱くなる。母の顔を見ると、涙ぐんでいるように見えた。

「あいつらの舞台、なかなかいいやろ」と、誇らしげに声をかけた。

「それもやけど、あんたが創った樹を見よったら何か嬉しくて」

そう言われるとまた照れくさくなって、思わず視線をはずした。

「お前ら演劇やら見慣れんけん、新鮮やったろ? つーか寝てねーよな?」

実はちょっと意識が……、そんな言葉が返ってくるかと思ったが、違った。

「寝るわけないやん!」と邦明は怒ったように言い、「照さんが創った樹、かっこよかったばい!」と続けた。勇一も隣で頷いている。

「俺も、何かしたいな」

不意に邦明が呟いた。

邦明の顔を見ながら、あの絵を見た日のことを思い出していた。生ゴミと題された自画像を見せてくれた日、作り物のように見えたあの空は今、こいつの目にどう映るのだろう。

僕は天井を見上げる。馬鹿みたいに明るくて広い空が広がっているような気がした。

本番当日、ソワソワと落ち着かない私に、二人の先輩がいつものように、「先生、大丈夫！落ち着いて」と笑いかけてくる。クラスメイトたちもかなり応援に来てくれているが、彼らと話す余裕はない。やがて本ベルが鳴って幕が上がり、舞台が浮かび上がった。

「おお！　いいねえ！」、横に座る五條さんが、思わず私に囁(ささや)いた。

舞台中央にそびえ立つ大きな柿の樹。茶色い幹がライトを浴びて輝いている。その樹の下に立つ二人の少女。リエたちの透明な歌声が、会館に響き渡る。そして、枝を広げた大きな樹の下で、生き生きと動き回る一年生部員たち。

幕が下りて客席が明るくなると、リエの母親とともに、心療内科の担当医がわざわざ挨拶に来てくれた。

⑦［顧問（担任）の記］本番のステージにて

「驚きました。あんなに堂々と多くの観客の前に立つなんて。僕たちの常識では考えられません。先輩たちや仲間たちに感謝しているとお伝えください」

定期診察のたびにリエから逐一報告を受けて、状況は全て把握していたとのこと。ただし、今後がまた要注意なのでくれぐれもよろしくと、深々と頭を下げ帰って行かれた。

ロビーに出ると、田原の母親が、茶髪と金髪の派手な二人とともに待ってくれていた。

「息子の中学時代からの友人です。親から見捨てられてほとんどうちにいるんですが、今回の舞台は誰よりこの子たちに観て欲しくて連れて来ました。あの子が初めて本気で関わったものを、きちんと胸に焼き付けておこうって言いながら来たんです」

思わず、ピアスだらけの青年たちに、「どう感じたの?」と聞いてみる。

「正直言って、悔しくてたまらんかった」

「あいつ、何か見つけたんやなって気がした」

そう言う二人に、田原の母は「あんたたちもそのうち、何か見つけたらいいやんね」と、まるで母親のように言う。けれど二人を追い立てる様子は一切ない。そうか、あの日見た田原の「美しい背中」は、この母親から育てられたものなのか。そう思いながら親子のように帰って行く三人を眺めていると、舞台の片付けを終えた江口先輩と梅野先輩が横に立った。

「もしかしたら、次期の部長は田原かも知れませんよ」

突然の江口先輩の言葉に、「まさか！」と思わず否定すると、いつもは慎重な梅野先輩が続けた。

「それがあいつ、妙に包容力のある男なんですよ。いろんな経験してきてるから、友人を寛容に受け止められるみたいです」

二人が口々に予言したその瞬間、「先輩！　道具は全て車に積み終わりました」と田原が車のキーを手に近付いて来た。相手を見る真っ直ぐな視線と、切れの良い体の動き。

「これだから、後輩の指導を辞められないんですよ」

江口先輩はそう私に囁くと、「全員ロビーに集合させろ！」と田原に言った。

ほどなく、息を切らしながら集まってきた部員たちが、二人の先輩の前に並んだ。「そこに座ってくれ」と部員たちに言うと、江口先輩が語り始めた。

「君たちは今、清々しい気分だと思う。本気で挑戦してあれだけの舞台をやり遂げたのだから、何か新しいものを獲得することが出来たはず。それをこれからの生活の中で見せてくれ。何でも終わった後が大切なんだ。決して手を抜くな！　それから一つだけ約束して欲しい。今夜はまだ道具の片付けなどで帰るのが十時過ぎると思う。身体も疲れ切っているはずだ。けれど明日は絶対遅刻するな！　朝の教室で、観に来てくれたクラスメイトたちにきちんと礼を言え。いいな！　それから、俺は今から就職活動を始める。それで指導の全権を後輩の梅野に引き継ぐ。俺とは違う感覚で演出していくと思う。新しい演劇部を楽しみにしている」

バトンを渡された梅野先輩は、ただ一言「僕なりに精一杯やっていきます。よろしく！」と皆に頭を下げた。圧倒的な迫力で後輩を引っ張ってきた江口先輩の後を引き継ぐのは、さぞかし大変だろう。けれど寡黙だからこそその言葉に重みがある梅野先輩は、また違った演出を見せてくれるはずだ。私も「よろしくお願いします！」と、部員たちとともに頭を下げた。

翌朝、教室に入ると、いきなり「先生、観たよ！」という元気な女子生徒たちの声に迎えられた。「観に来てくれてありがとう」と言いながら教室を見渡すと、演劇部員たちもまたクラスメイトに笑顔で応えている。

「あのでっかい柿の樹、田原君が作ったと？　一人で？　凄いやん」

「幹が茶色に光って、本物みたいで迫力があった！」

そんな声に、「野中君の照明のお陰かな」と返した田原の照れくさそうな表情が微笑ましい。池田も藤川も野中も山田も、今日ばかりは女子生徒たちに注目されて、楽しそうに対応している。けれどなんと言っても女子生徒の一番人気は、演劇部員ではないが、急遽（きゅうきょ）冒頭シーンに出てくれた弓道部の吉永だ。

「吉永君、かっこよかった！」

「幕が上がったら、スポットライトの中に吉永君が浮かび上がってびっくりした」

「まさか弓道部の吉永君が舞台に出て、あんなに難しいピアノ曲弾くなんて思わんかった！」

すると女子バレーや女子バスケの部員までその輪に加わって、「私も観たい！　先生、学校で公演して！　じゃないと私ら運動部は観られんもん、ねぇ」と横にいた柔道部も巻き込んで騒ぎ始めた。野球部のメンバーまでが、彼女たちの視線を受けて「うん」と頷く。

するといつも演劇部に毒づく二人の野球部員が急いで、「うるっせぇなぁ」「先生、早く授業始めてください。なあ」と、他の野球部員たちの動きを封じ込め、話の方向を転換させようとした。けれど二人の妨害は完全に無視された。それどころか、「今度の文化祭で公演して！　絶対」という声はますます大きくなる。私自身も十一月の文化祭で公演するつもりだったのだが、「演劇部で検討してみる」と、あえてさりげなく返答した。

吉永君のお陰で演劇部がすっかり目立つ存在になり、クラスメイトにも認めてもらったようだ。それにしてもまさか自分のクラスにこんな生徒がいるなんて思いもしなかった。

演劇大会の三週間前のことだ。私はクラスでふと呟いた。

「男子でピアノ弾ける人って、うちのクラスに……、いないよね」

「女ならともかく、男でピアノ弾ける奴がおるわけないいやん」

野球部がせせら笑うように決め付けた。「だよね。そんな都合良くいるわけないよね」と授業を始めようとすると、弓道部の吉永君が静かに手を挙げた。

「あのう、どんな曲を弾けばいいんですか？」

「それがショパンの幻想即興曲なのよ。いいの、生演奏は諦めるから」

「ショパンなら僕好きですから」

「いや、ちょっと弾けるというのではなく……」と、言いかけて止めた。

いつも穏やかな吉永君は、誰とでも話し、誰からも好ましい存在と思われている。だから男子生徒でさえ、彼のことを自然と「吉永君」と呼ぶ。その吉永君が、手を挙げた。クラスメイトの前で彼に恥をかかせるわけにはいかないので、とりあえず放課後音楽室で聴かせてもらうことにした。

そして放課後の音楽室。私と演劇部員たちはただただ驚いて音楽室を出た。吉永君をそのまま練習場に連れて行き、先輩たちとともに舞台に参加してくれと説得した。

「舞台に出ないで、ただ弾くだけならと思って手を挙げました」

そう言い続ける彼に、「冒頭シーンで隅っこに置いたピアノを弾くだけ。顔は分からないようにするから」と約束して、何とか承諾してもらった。

けれど本番当日の昨日、冒頭シーンに登場した吉永君はスポットライトの中で華麗にショパンを演奏し、私たちの思惑通り会場をざわつかせてくれたのだ。

先輩たちの言葉を借りれば、これだから高校生との付き合いは止められない。教室という舞台上で、予想もしないドラマが不意に始まったかと思うと、時には信じられないスピードで場面展開していく。そんな時私たち大人は、彼らが創り出す青春群像劇をただ楽しませてもらえばいいようだ。

わずか半年前、まるでガラス細工のようで頼りなかったリエも、だらしなくて不快の極みだった田原も、そして友人との関わりがいつもぎこちなかった池田も、あっという間に何かを掴み、伸びやかに行動しようとしている。もちろん他の生徒たちも自分の殻を少しずつ破って、それぞれが自己主張をし始めている。クラスが動き出すのはこれからだろう。考え方の違いが顕著になるに従って、複雑にもつれ合ったり対立したりして、クラスはいくつにも分裂していくはずだ。

その混乱を眺めているのは少々面倒ではあるけれど、その分裂こそが高校生らしい繋がりを生み出すに違いない。そう思いながらクラスを眺めていると、照明を担当した野中が、「先生、国武君が今から裏方として手伝ってくれるそうです」と声をかけてきた。人手が欲しいとしきりに訴えていた野中の言葉を聞いて、吉永君が同じ弓道部の国武に声をかけてくれたようだ。

「大会、終わったんやろ。何を手伝うつもり？　お前弓道部だったら、ちゃんと練習しろ！」

野球部の二人が、野中ではなく国武に苛立ちをぶつけた。面白いことに野球部の二人は、自分の病を語った野中と、担任に平然と言い返した田原には余計なことを言わない。従って池田と藤川と山田が、その攻撃の矢面に立っているらしい。

「まだ他校とのジョイント公演と依頼公演が入っているし、それに文化祭もやるとしたら、裏方がホント足りない。国武君すっごい助かった！」

池田が言うと、「私も裏方、手伝います」と女子生徒が手を挙げた。優しくて可愛い彼女は、野球部員にも人気のある生徒だ。その彼女までが参加してくれるとは！

その瞬間、「あー、あー！」という大きな溜息が聞こえた。

「クラスが演劇部だらけになるやん」

野球部が腹立たしそうに言ったので、「確かに！」と笑ってしまった。

8 移り変わる季節の中で

——夢中になることがあると、時間の流れを速く感じる。毎日があっという間だ。

文化祭での公演が終わるといったんオフシーズンに入ると聞いていたのだが、思いがけず外部からの依頼が複数舞い込んで来ていた。一つは大きな公民館からの依頼公演、もう一つは、大会で僕が初めて夢中になった南筑高校とのジョイント公演。どれもすでに顧問が快諾したとのことだった。

そして、予想もしてなかったことがそれ以外にもあった。文化祭直後の部活で、梅野先輩が僕を呼んだ。

「田原、お前には今度の舞台で役者をやってもらいたい」

「はっ？　マジっすか！」

「まあそう構えるな。僕も音響から入って役者に転向したんだ。役者をやって掴んだものがたくさんある」

先輩はまっすぐ僕の目を見ている。

「今度の公演は同じ台本をやるから道具はもう揃っているし。やってみないか？」

正直なところ柄ではないと思った。でも、あの日舞台を終えた他の部員の顔を見て、少し羨ましく思う自分がいた。南筑高校の舞台を観た時も同じ感覚があった。戸惑う気持ちもあったが、挑戦したいと思った。

「やってみます。でも他に役なんてあったっすか？」

「中学時代の田原をモデルにした役を作る。どんなことに葛藤していたか話を聞かせてくれ」

その日から、顧問や梅野先輩と話をしながらセリフを作っていく作業が始まった。胸を張れるような生き方をしてこなかったため、過去のことを話すのに多少の抵抗はあったが、それが役に投影されていくことで少しだけ昇華されていくような気持ちにもなった。

同時に体作りや発声練習を他の部員たちと始めたが、いざ自分がやるとなると中々に気恥ずかしい。池田や藤川が先輩風を吹かせ、しきりにからかってくる。

「恥ずかしがらずに声を出さんと」

にやにやしながら池田が言う。

「うるせぇ！　慣れてないだけや！」

思わず怒鳴ると、「それそれ。まずは自分の殻を破らんと」と、藤川がからかうように横槍を入れてくる。この野郎と思い声を張り上げると、「それじゃあ喉（のど）から出しているだけだ、この間教えた腹式呼吸を意識しろ」と梅野先輩から指摘を受ける。

「アキ、手本を見せてやれ」

梅野先輩から呼ばれアキが声を出す。全然力が入っていないように見えるのに、大きく声が響く。

「さすがだな。アキは基礎練習をしっかりやっているから声が出るんだ。ありがとう、戻っていいぞ」

「はい」、こちらには目もくれずアキは個人練習に戻る。横顔からは重い表情が見て取れた。ストイックな性格の彼女にしてみれば、ぽっと出のド素人が出来上がった舞台に入り込むのが不満なのかも知れない。舐（な）められてなるものかと声を出すが、再び同じ指摘を食らってしまう。

「発声なんかの基礎は一朝一夕（いっちょういっせき）で出来るものじゃない。努力の積み重ねが大事なんだ。ゆっくりでいいから、しっかりやっていけ」

梅野先輩の言葉を聞きながらも、足を引っ張るわけにはいかないと焦（あせ）る気持ちが生まれていた。

家に帰ってから、風呂場で声出しをしてみる。喉が痛い。出し方が悪いのだろう。なるべく力を抜いてすっと出る声を探す。ふと部活中のアキを思い出し、少し腹が立つ。今に見てろよと気合を入れる。

「あんた風呂場で、あーあー大声で言いよったけど何？」

風呂から上がると、母からいぶかしげな顔で声をかけられた。

「あー。あれな、気にせんどってくれ」

「気にするなって、無理やろ。あんだけ大声出しよったら。……何か悩みでもあると？」

「いや、悩みっちゅうか、俺、役者やることになった」

何となく照れくさく、母にはまだそのことを伝えていなかった。

「は？」、母はきょとんとしている。

「だけん、役者やるけん、発声の練習ばしよったっち言いよっと」

意外な言葉に理解が追いつかないのか一瞬、間が出来たが、みるみる表情が変わる。

満面の笑みで、背中をバシッと叩かれた。

「何！　いつ本番!?　絶対観に行くけんね！」、と言いながら鼻をすすり始める。

「最近すぐ泣くけん困るんやけど」、そう言いながらティッシュを手渡した。

「うるさい！　これは嬉し泣きやけんいいと！」、とまた背中を叩かれた。

「そういや邦明は？」

「ああ、あんたが帰って来る前に出掛けたよ。あんたが部活始めてからすれ違いよね」

邦明とは、あいつの家庭の事情で中学時代から一緒に暮らしていた。そう言われれば、ここ最近顔を合わせていなかったなと思う。

「邦も照さんは？っち言いよったけど、部活よって言ったらそっかぁって。邦もなんかやりたいことみつけようと頑張っとるみたいよ」

「そっか……」

思えば部活に入り毎日学校に行くようになってから、昔の仲間に会う機会もめっきり減っていた。邦明や勇一は前回の公演を観にきてくれたが、他のメンツは〝真面目になりやがって〟と思っているのか連絡をして来ることもない。寄り集まって〝真面目〟な連中を馬鹿にしていたのだから、無理もないことかもしれない。何より以前と違うのは、今警察沙汰(ざた)にでもなったら演劇部の部員や先輩たちに迷惑がかかるとの思いが、僕の中に生まれ始めていることだった。

新しい台本が配られると、本格的にセリフをしゃべる練習が始まった。必然的に練習量が増え、帰りも遅くなる。学校の門が閉まるため、迎えを待つ間は池田や藤川たちと近くの公園へ移動し、しゃべりながら過ごすのが日課になっていた。二人とも原付で通学しているので、僕に付き合ってくれていたのだ。はじめは好きな音楽や女の子の話がメインだったが、次第に演劇の話や、「どんな自分でありたいか」とか、「男としてどうありたいか」などといった話をすることが増えていた。

「埋もれたままで終わりたくない。もっと演劇部を引っ張っていきたい」

池田がそう話す。

「他の部員が変わっていくのに負けてられん！　リエさんなんか特に凄いと思う」

藤川も意気込んでいる。

「田原はかなり変わったやろ？」

突然、池田に聞かれた。

「まぁ学校来よるしな。変わったかどうかは分からんけど、前はくそみたいな生活しよったから、今夢中になれるもんがあるのは悪くないと思っとる」

「なんか中途半端な言い方やな」と、藤川が笑う。

「本当に変わるのには覚悟がいるんよ。半端なところで自分を認めたらいかん気がするけんさ」

二人が静かにこちらを見つめる。

「まぁ、余裕がないくらい必死ってことや。俺、真人間初心者やし」

気恥ずかしくなり、茶化すようにそう言った。


夢中になることがあると、時間の流れをとても速く感じる。毎日があっという間だ。立ち稽古に入った練習場では、今日も梅野先輩の檄が飛んでいた。シーンの途中でストップがかかる。

「田原、ふらふらするな！　セリフがないところでこそ気を抜くな！」

「田原、もっと実感を引っ張り出せ！　過去の自分ときちんと向かい合え！」

同じシーンを繰り返し練習し、気付けば練習終了の時間になっている。終了後はいつものように公園へ移動し、三人でセリフや動きの稽古をする。

「最近、田原かなり先輩にしごかれるよね」と、不意に池田がそう呟いた。「あぁ、確かに」と藤川もそれに続く。「僕、あんなに言われたことない気がする……」そう言い、池田は黙ってしまった。

確かに、最近やたらと先輩から集中砲火を受けている気がする。一部の女子部員からは「大変やね」と声をかけられたが、僕自身はきついと思わないどころか、やりがいさえ感じていた。今まで押さえ付けられることはあっても、求められることはなかったからだろう。鼻を明かしてやろうという、やる気に満ちていた。

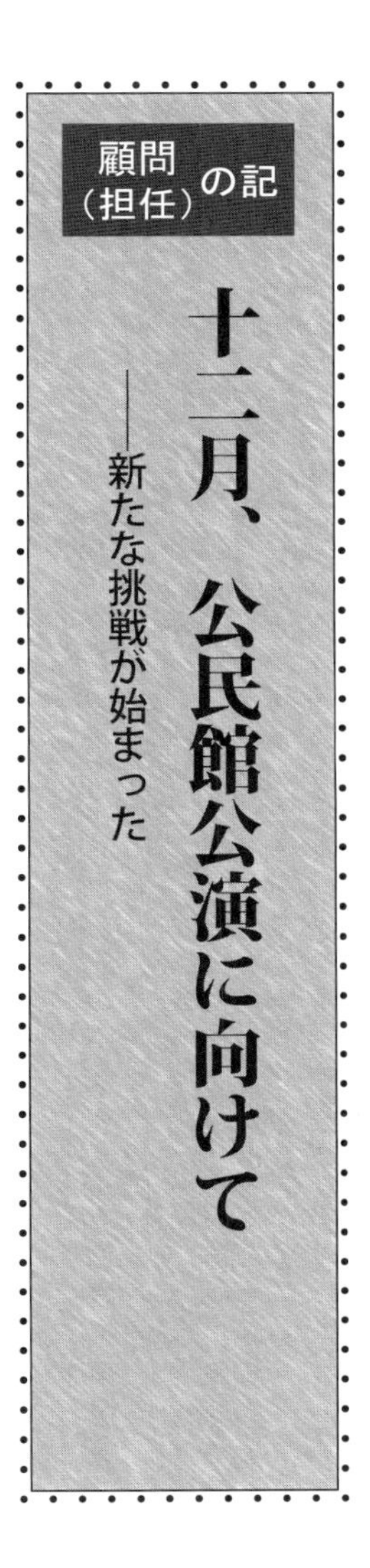

文化祭での全校公演の後、一年生部員たちはようやく自分の意見を明確な言葉にして、ぶつかり合えるようになった。やはり「演劇部、すごいやん」とか「演劇やら初めて観たけど面白かった！」という友人たちの率直な評価が、彼らの自信に繋がったのだろう。特に男子部員たちの考え方の違いがはっきりしてきて、些細なことで意見を衝突させている光景が新鮮だ。感情的になりそうな時には、野中と吉永が笑いながら間に入ったりして、関係性を安定させてくれている。マイペースで穏やかな山田も、部の緩和剤といういい役割を果たしてくれている。やはり池田と藤川、そして田原の三人が中心となって、話し合いは進んでいるようだ。

大きな公民館での公演を一ヶ月後に控えたある日、「話があるから待ってます」と梅野先輩から連絡があった。練習場にしている雨天体育館は、南校舎と呼ばれる最も古い校舎の二階にあり、日当たりも悪く校舎に入っただけで肌寒い。階段を上がっていくと、何人かの笑い声とともに「トントン」と床を叩くボールの音が聞こえてきた。

練習は終わっている筈と思いながら入り口に立つと、藤川、池田、田原の三人が梅野先輩とバスケットコートのリングにボールを入れ合って遊んでいる。「他のメンバーは？」と聞くと、「今日は皆、スクールバスの二便で帰りました。山田は一時間かかるので今日は先に出ました」と言う。マイペース山田にはストイックな面もあり、どんなに遠くても自分の自転車で通い続けている。「そっかぁ。君たちはバイクか。田原は？」と言うと、「ママのお迎えデース」と藤川が田原をからかった。

「じゃあ、今日は先生と今後の練習スケジュールを立てるから」と梅野先輩が言うと、三人はボールを片付け、「失礼します！」と雨天体育館に声を響かせて出て行った。三人のふざけ合う声がしばらく階段から聞こえてきた。その声を聞きながら、「三人はいいライバルになってきました」とうれしそうに言った後、先輩は突然、「先生、田原を次期部長にします」と決定事項のように宣言してきた。

確かに最近の田原は急速に部の中心で活動している。文化祭が終わって誰もが少し気を緩めている中で、田原はますます強い視線で先輩を見つめ、その言葉を聞くようになった。何かをこの活動の中に見つけようとしているのだろう。彼から伝わってくる真剣さが、自然と他の部員たちからの信頼を獲得し、時には圧倒さえしている。

とはいえ田原を部長にするとしたら、体育会系の藤川はともかく、責任感溢れる理論派の池田は複雑だろうと思う。けれども今の田原の、楽しくて仕方がないと練習に熱中する様子は、興味深く可能性を感じる。私もやはり田原だと思っていたので、その決定に異存はない。

「梅ちゃんは早くから田原が部長になるって予言してたけど、何故そう思った？」

以前から気になっていたことを、改めて聞いてみた。

「目の強さというか、よそ見しない、ぶれない姿勢でしょうね。江口先輩は最初に田原に会った時、懐かしいとしきりに言ってました」

「懐かしいって？」

「何かを強烈に求めているくせに、見つからなくて苛立っていた頃の自分を思い出してなんだか嬉しいって笑ってました。じゃあ、僕も聞いていいですか？　先生は何故、一番最初のあの時、田原を僕たちに預けたんですか？　一体田原の何を信じたんですか？」

梅野は試すように、笑いながら私を見た。

「改めてそう言われたらどうしてかな。でもどういう形であれ、いったん『はい』と返事したからには絶対裏切らないって思えた。学校に来ると彼は寝続けていたけど、その背中は動かなかった。どんな時も微動だにしないで……」

「ほんとに寝てたんでしょ！」

梅野がおかしそうに笑う。

「そうなのよ。彼は何の遠慮もなくあくまでも自分のペースで寝続けたの。その図々しさというか強さというか、そこがある意味で新鮮だった。やっぱりぶれない背中に興味を持ったのかな」

「相変わらずいい加減な担任ですね。でも田原にはぴったりかな」

梅野は半分呆れながらもおかしそうに私に言った。

「それで先生、今度の公演では田原に役者をさせます。部長をするには裏方の経験だけでは視野が広がりませんから。ということで彼の経験に基づいて、彼の役を新しく書いてください。明日から急いで彼から聞き取って、三人で作っていきたいと思ってます」

梅野先輩の提案を受けて、次の日から田原との話し合いが始まった。練習場の片隅で彼の今までの経験を書き出していく。そしてあくまでも彼の実体験を基にして、彼が演じたい青年を創り出していった。

「えーっ！　田原！　中学時代、そんなにサボってたの？」

「えーっ！　田原！　勉強、まったくしてこなかったの？　本当に本も読んだことないの？」

「えーっ！　田原！　そんなにいい加減でどうして国語だけ点数取れたの？」

聞きながら私は何度叫んだことか！　そのたびに「先生の方がいい加減でしょ！　担任のくせに中学時代の資料見てないなんて！」と梅野先輩からまた笑われてしまった。

もちろん担任する前に中学時代の情報を見てはいるのだが、高校生活が始まるとすっかり忘れてしまう。田原に限らず、十五歳から十八歳の生徒たちは、信じられないスピードで大きく変化していくからだ。時には大人の予想など平然と蹴散らして、まるで別人に生まれ変わる生徒だっている。それが高校という空間が持っている不思議な力で、過去の情報はこの三年間にはあまり意味を持たない。

「江口や梅ちゃんもそうだったけど、過去なんてあんまり関係ないもの」と言い訳すると、「まあ、先生のいい加減には慣れてますけどね」と、梅野先輩はまるで私の同僚のように言った。

翌日、台詞が決まったシーンの練習を田原が始めた。ぎこちなさをからかわれながらも、本気で挑戦しようとしている表情が楽しい。他のメンバーも温かく応援している。公演が迫ってくるのでまた、夜遅くまでの練習が始まった。

十一月半ばともなると、夜の雨天体育館はしっかり冷え込んで部員たちの体調が気にかかる。そんな時近くに住むリエの母親が、大きな鍋におでんを作って持って来てくれた。

「差し入れ用に、思いっきり大きな鍋を買いました。今夜はおでんだけど、次は豚汁持って来ますね。でもこんなたくさん作ることなんてないので、味が心配です」

リエの母親は楽しそうに言いながら、梅野先輩に「いつもお世話になってます」と丁寧に頭を下げた。他の保護者たちも思い思いに差し入れを持って来てくれるが、やはり梅野先輩に必ず挨拶をして帰って行く。その光景から、部員たちの梅野先輩に対する信頼が伝わってきて心地良い。

それに文化祭公演が終わってからは、彼らを教えてくれている先生方が甘いものを持って見学に来てくれるようになった。

「田原君はこんな活動をしてたんですね。急速に変化したのでとても興味があったんです。それにしても高校時代って不思議ですね。きっかけさえあれば信じられないほど成長する。人間って変わるんだってことを改めて教えられました」

若い先生が練習を観ながら呟いた言葉は、私にとって何より嬉しい励ましになった。

9 予感

——目の前に開いたドアが、まるで未来への扉のように感じる。一歩踏み出し、乗り込んだ。

ある日部活を終え家に帰ると、脱ぎ散らかされたスニーカーが玄関にあった。珍しく邦明が部屋にいるようだ。ドアを開けたままにしているので、明かりが廊下に漏れている。制服から着替えるため隣の自室に入ろうとした時、雑誌を読んでいる姿が目に入った。顔を合わせるのは随分久し振りだ。思えば自分のことに夢中で、そのことも気にかけないでいた。

「よう」、声をかけると、「あぁ、お帰り！」と、邦明が顔を上げた。

「久し振りに顔見たわ。同じ家に住んどるのにマジで会わんよな。お前、最近どうなん？」

「んー。別に変わらんよ」

「勇一とか最近どんな？　他のやつらとも最近会いよん？」

「んー、別に」

そう言って邦明は再び雑誌に視線を落とす。何か距離を取るような態度が引っかかる。

「なぁ、何かあっとんやないか？」

「いや、ほんとに何もないって！　心配せんで！」

僕の顔を見上げて口早にそう言うと、ぱっと笑顔を見せた。

「そんなことより、照さん舞台に立つとやろ！　俺絶対観に行くけん。しかしあの照さんが役者たい。どんな感じ？」

「どうもこうも必死や。まぁ楽しいけどな」

「演劇始めて良かったやん。昔の照さんも好きやったけど、今の照さんの方が好きやなぁ」

「なんや、気持ち悪い」

「で、本番何日？」

「あー、来月の二〇日や」

「楽しみにしとくけん！」

「分かった分かった。お前も何かあったら言えよ。何ができるか分からんけど」

「はいはい。でもホント大丈夫やから。俺今から出掛けるけん、またね」

「おう」

僕が着替えを終えて部屋を出ると、もう邦明の姿はなかった。

「あいつ、大丈夫なん？」

リビングに用意された夕食を食べながら、母親に様子を聞いてみる。

「何か様子がおかしいけど、一応家には帰って来よるよ」

「何かあったんか聞いても、大丈夫の一点張りやった」

「あんたに心配かけたくないいんやない？」

「でも……」

そう言いかけた僕の言葉を母が遮る。

「あんたが生き生きし始めたのが、邦もうれしいんよ。邪魔したくないんやろうね。何かあったら私が動くけん、心配せんであんたは思いっきり自分のことをしなさい」

「分かった。ありがとう」

何があっても動じない母の言葉を頼もしく感じた。


練習と自問自答を繰り返し、日々はあっという間に過ぎていく。気付けば本番は明日に迫っていた。今日は公民館での打ち合わせだ。

学校が終わり、足のある部員はそれぞれで、それ以外の部員は先輩と顧問の車に乗り込み会場へ向かう。会場は演劇大会の場所ほど大きくないもののしっかりとした舞台があり、また違った緊張感がある。

「おぉ。すげーな」

思わず声に出ていた。他の部員も緊張しながらも興奮している。自分たちだけの公演というのもあるのかもしれない。舞台上で照明を見上げ、わくわくする自分がいた。前回と同じように樹を搬入して吊す。一度本番を乗り切ってくれた相棒に、もう不安は感じない。照明の打ち合わせに入る。生まれて初めて浴びたライトはやたらと眩しい。ちょっとしたスターになった気分だ。

打ち合わせも順調に終わり、会館を後にする。僕のテンションはまだ上がったままだ。ふわふわと浮かれたまま家に帰る。風呂に入ろうと部屋から出た時、邦明がちょうど帰宅してきた。

「あっ、照さん、おったんや」

「あぁ、今日は会館で打ち合わせして解散やったから、いつもより早く練習が終わったけんさ」

会場の雰囲気を思い出し、口角（こうかく）が上がる。

「マジで凄かったぜ。照明やら当たるの初めてやけど、めちゃめちゃテンション上がるし」

熱弁する僕を邦明は静かに見つめている。

「そっかぁ。良かったやん」

「おう！　もう本番が待ちきれんくてさ。今から風呂入ってセリフの練習や！」

そう言って風呂場へ向かおうとすると、後ろから邦明が呼び止めた。

「あっ……照さん」

「何？　何か用事？」

「いや、用事ちわけでもないいんやけど……」

邦明が言いよどむ。すっかり練習モードに入っていた僕は、思わず急かす。

「だけん何よ？」

僕の顔を見て邦明はふっと笑った。

「……髪」

「髪？」

「……髪、切らしてよ。伸びてきとるしさ。そのまま本番するん？　切りに行く時間もないやろ？」

「あぁ、言われてみれば確かに」

自分の髪を触る。そう言えば最近は練習で汗をかくと、前髪が目の辺りに引っ付き邪魔だった。

「じゃあ、お願いするわ。ちょうど風呂入る前やし」

邦明は手先が器用だ。特に一緒に住むようになってから、僕の髪は邦明が切ってくれていた。僕はめんどくさがりな性格で、髪は伸びても放置している。いつも邦明が痺れを切らして、散髪してくれていた。しかも上手い。上半身裸になり、床に敷かれた新聞紙の上に座る。

「照さんさぁ、髪ほっときすぎやろ」

髪を触りながら、後ろから邦明が話しかける。

「いいやんか、こうしてお前が切ってくれるし」

「いやいや、そんなあてにされても」

「でも、何だかんだでいつも切ってくれるやん」

規則的に動くはさみの音が心地良い。

「……照さんにはさぁ、いつもかっこよくいてもらいたいんよ」

「なんじゃそら」

「昔から俺がピンチの時はいつも助けてくれたやん。照さんは俺のヒーローやからね」

「……いきなり恥ずいこと言うなって。えっ、何？　俺口説かれよん？」

「そんなんじゃないって」

後ろから笑い声が聞こえる。笑い声に混じっていた規則的なはさみの音が、一瞬止まる。呼吸を整えるように間を置いて、またはさみは動き出した。

ゆっくりとした沈黙にチョキチョキとはさみの音が響く。

「はい、終わり。風呂に入って髪の毛落としておいで」

僕の肩についた髪の毛を払いながら邦明が言う。

「ありがとな。これでさらに気合が入ったわ」

風呂場で頭についた髪の毛を落とし、鏡を見る。相変わらず上手いもんだと感心する。風呂から上がり改めて礼を言おうと思ったが、邦明はまた出掛けたようだった。明日の本番は観に来ると言っていたし、会わなくてもそこで改めて礼を言えばいいか。そう思い自室でセリフの練習を始めた。膨らむ期待と一緒に夜が更けていく。


当日の朝、携帯のアラームより早く目が覚めた。母もすでに目を覚ましていて、「気を付けて行っておいで！　楽しみにしとるけん！」と、笑顔で送り出してくれた。

日曜、早朝の駅は人もまばらだ。缶コーヒーを飲みながら電車を待つ。いつもより空が明るい。ほどなくして電車がホームに着いた。息を吐くように目の前に開いたドアが、まるで未来への扉のように感じる。一歩踏み出し、乗り込んだ。

会場には池田が先に着いていた。

「よう。早ぇーやん」

「あぁ、おはよう。本番やけんね」、そう返す池田の顔は少し強ばっている。

「どうした？」、声をかけた僕に池田が続けた。

「それに……。お前より早く来ようち思って」、呟くようにそう言う。

「何や気合入ってるやん？」

茶化すように言った僕に取り合わず、池田は少し俯（うつむ）いたまま答えた。

「俺、負けんから」

最近、池田の一人称は「僕」から「俺」に変わっていた。何だか無理をして強く振る舞っているようにも感じたが、何か自分の中に思うものがあるのだろう。

「俺も負けんぜ」、目の合わない池田を真っ直ぐ見ながらそう言った。

「うそぉ！　俺が一番やと思っとたのにぃー」

大きな声に振り返ると、藤川がちょうど駐輪場から姿を見せたところだった。

「残念やったなぁ。今日は池田が一番で俺が二番や」

「くっそー。負けた！　手前の国道で三回も信号に引っかかったせいやな」

口を尖らせる藤川を見て思わず笑ってしまう。池田は変わらず黙ったままだった。他の部員もちらほらと顔を出し始めた。先ほどの余韻から藤川とふざけていると、アキの姿が目に入る。また怒るかと思ったが、今日は少しおとなしい。外部公演ということもあり、緊張しているのかもしれない。ほどなくして梅野先輩や顧問も到着し、いよいよ本番に向け会場に入る。

高揚と集中のせいだろう。そこからの時間はあっという間だった。最終的な照明や音響のタイミング合わせをして衣装に着替え、発声を終える。梅野先輩から本番前の集合がかかった。

「分かっていると思うけど、今日は依頼公演だ。何かを求められてここに呼んでもらっている。それは当たり前のことじゃない。精一杯の感謝と覚悟を持って全力で楽しんでくるように」

本番前の舞台上はやけに静かだった。耳に膜でも張ったようだ。自分の心臓の音が聞こえる。遠くからざわめきが聞こえ始める。お客が入り始めたのだろう。幕越しに人の気配を感じ、心臓の音が大きくなる。開始のベルが鳴り、幕が上がった。

本番の記憶はほとんどなかった。覚えているのは、眩(まぶ)しい光の中に足を踏み入れた時の心臓が爆発しそうな感覚と、自分のセリフでお客さんが笑ってくれた時に感じた高揚感、そして幕が閉まっていくのと反比例するように鳴り響いた拍手の音だけだった。

閉幕後の舞台挨拶で初めて、客席がたくさんの人で埋まっていることに気付く。ぼんやりと眺めていると、前列に母の姿が見えた。懸命に涙を拭いている。何故だか僕も泣きそうになる。客席を眺め、邦明を探す。しかし舞台の上からは、あいつの姿を見つけることが出来なかった。

*

いつの間にか寒さが増していた。ブレザーの上にジャンパーを羽織る。依頼公演を終え、部活はいったん休みの期間に入っていた。それぞれ基礎練習や自主練習はしに来るが、本格的な練習は春の公演に向けた稽古に入ってからだ。

季節の移り変わりとともに、クラスの雰囲気も変化しつつあるようだった。

うちのクラスは運動部の人数が多く、その中でも野球部がクラスの主導権を握っていた。過去に甲子園で優勝した実績もあり、部の在籍者数も多いため、各クラスに多数の野球部がいる。どのクラスでも彼らがボスらしい。このクラスも例外なくそうだったようだ。

しかし、それは過去のことになり始めたらしい。担任が顧問ということもあってか、うちのクラスでは演劇部が妙に目立つ。さらに僕も含め、演劇部は目下増殖中だ。それはクラスのヒ

9 予感

エラルキーを脅かす事態なのだろう。演劇部を快く思わない野球部員が数名、何かとやっかみを言う場面が増えていた。

特に僕に絡んでくることもなかったため気にも留めないでいたが、他の部員と野球部は口論になることも多いらしかった。その中でも気が強いアキとは衝突が多いらしい。僕がいる際にはあまり見かけることはなかったのだが、かなり険悪になることもたまにあると、他の女子部員が心配していた。クラスには何となくギスギスした空気が流れ始めていた。

僕はといえば、山のようなレポートと追試に追われていた。散々サボっていたツケが回ってきたなと、腱鞘炎(けんしょうえん)になりそうな右手を振りながら思う。とりあえず文字を埋めればよいレポートはどうにかなるが、問題は追試だ。合格できなければ進級できない。また一年をやり直すなんて冗談じゃなかった。余計に学校に通う余裕などウチにはない。

まだ綺麗なままの教科書を広げ放課後うなっていると、吉永に声をかけられた。

「どう？　勉強進んでる？」、相変わらず爽(さわ)やかな笑顔だ。

「なんちゅうか、どこが分からんかも分からん」

僕は唸(うな)りながら机に顔を伏せる。特に数学はちんぷんかんぷんだ。宇宙人からの手紙でも解読しているような気分になる。

「なかなか大変そうやね。自分だけでやるより誰かに教えてもらえばいいのに」

情けない話だが、藤川や野中に教えてもらいはしたが、あまりの基礎のなさに呆れられ、さじを投げられてしまった。

「何人かに聞いてはみたんやけど、俺に教えるのはなかなかに骨が折れるらしい」

「ははっ、なるほど」、吉永は楽しそうに笑う。

「僕でよければ教えようか？」

「えっ！　マジで！　でも自分で言うのもなんやけどかなり大変やぜ」

吉永は成績もいい。彼から見れば、僕の成績は異次元の話だ。

「上手く教えられるか分からんけど、まあやれるだけやってみようよ」

そう言って吉永は僕の前の席に腰掛けた。

「悪いな。吉永には追試やら関係ないんに」

少し申し訳ない気持ちになる。それを察したのか、教科書をバックから出しながら吉永が言った。

「田原がこないだ舞台に立った時さ、なんか『凄い』って思ったっちゃん。だからそのお礼」

その日から吉永は、根気強く勉強に付き合ってくれた。謙遜とは裏腹に、吉永の教え方はとても丁寧で上手かった。追試の前日にはお手製の模擬テストを作成してくれたりと、びっくりするほど親身になってくれた。その甲斐あって追試は無事合格。何とか留年は免れそうだ。

⑨ 予感

心配事が一つ減ってほっとする。

しかし、もう一つの心配事は解決の糸口がつかめないままだ。

邦明がいなくなった。

僕は今日も、学校が終わると私服に着替え夜の街に出かけた。繁華街を闇雲に歩き回る。捜索範囲を大分広げたが、手がかりはない。勇一を含め、以前の仲間たちには連絡がつかなくなっていた。情報を集める中で、人伝えに何人かが警察に捕まったらしいという話を聞く。大規模な窃盗事件を起こしたらしい。

嫌な予感がした。邦明も巻き込まれているのかもしれない。意を決し警察にも情報を求めに行ったが、何も教えてくれない。お前は関与していないのかと疑われただけだ。

途方に暮れ街中に立ち尽くす。何がヒーローだ。苛立ち(いらだ)から街灯を蹴った。

焦る(あせ)気持ちをよそに、僕の横を真冬の風が吹き抜けていく。

顧問（担任）の記

一年の終わり

――亀裂が入ったクラスの中で

一年の終わり、期末考査の後、学年総合の成績表を見て驚いた。田原を除く演劇部のメンバーが完全に上位を占めている。昨年秋の大会後、学校公演を含めて三公演というスケジュールだったので、さすがの私も日常生活に支障をきたすのではないかと不安に思ったのだが、むしろ一学期より遙(はる)かに成績を上げ、クラスの学習リーダーとして発言も活発になっている。公演のたびに江口先輩がやって来て、必ず一言部員たちに語っていたけれど、その言葉は確実に部員たちに届いていたようだ。

「梅野に演出を引き継いだ僕から、現役部員たちにお願いがある。これだけ演劇活動で忙しいとどうしても勉強する時間が不足すると思う。けれど時間を有効に使って、絶対に成績を下げないで欲しい。保護者や先生方やクラスメイトたちに、演劇のせいで日常生活が疎(おろそ)かになっていると、決して言われないようにして欲しい。そうじゃないと、悩みながら苦しみながら懸命に演出をしている梅野先輩に失礼だ」

江口先輩が言うとおり、私も内心不安に思っていた。これだけの時間を部活動に割くことで、それぞれの家庭に何らかの問題が生じているのではないかと。公演を重ねるに従って彼らが成長しているのが分かるだけに、何とかこのまま続けさせてみたい。そのためには家庭の事情にも気を配る必要があるだろう。面談のたびに演劇部の保護者には、「遠慮なく意見を聞かせて欲しい」と何度も聞いてみた。でも多くの母親たちが、「遅くなった時に迎えに来るのは少々負担ではあるんですが、公演を観るのが本当に楽しみで応援しています」と言ってくれるので、私もその言葉に甘えて外部からの依頼を全部受けてきた。

特に最も気になったのは、田原の母親の思いだ。二学期のあの日から、なんと田原はまったく休んでいない。それどころか梅野先輩の指示で役者として舞台に立つようになり、ますます演劇にのめり込んでいる。

成績は一学期の空白が影響して追試験やレポートに追われそうだが、今の彼なら必ず乗り越えるだろう。とはいうものの、やはり追試の教科、特に数学は不安なので担当の先生に聞いてみた。すると若くて優しい先生は、二学期以降の田原の変化をしっかり認めてくれていて、追試の結果が不合格の場合、指導をした上で再挑戦をさせるつもりだと言ってくれた。

「基礎がまったくないんですから数学の時間はきっと苦しいだけでしょうけど、今の田原君は決して寝たりすることはありません。分からなくてもノートを取ってます。二学期以降、その姿勢が崩れることはありませんでした。今の彼がどう挑んでくるのか私も楽しみにしているんです。田原君のように変わっていく生徒を見ていると、こちらも何とか乗り越えて欲しいと力が入りますね」

「よろしくお願いします」

目の前の若い先生に、私は思わず深々と頭を下げた。

ただ私が心配したのは、やはり彼の家庭の状況だ。おそらく今の田原ならアルバイトもしっかりして、自分の授業料くらい自分で賄(まかな)えるだろう。母親がたった一人で、三人の子どもと居候たちの面倒を見ていくのはどう考えても困難だ。

「もしかしたら、田原君は働くことが必要なのでは？」と、遠慮がちに聞いてみた。

「もちろん、私一人ですから生活面では厳しい部分もあります。けれど、そんなことはたいしたことではありません。あの子が今しか出来ないことに夢中になっている姿をみれば、私も働きがいがあります。学校生活でしか味わえない経験をして、学生時代に出会う仲間たちと本当の付き合いをして欲しいんです。今のあの子は、何か大切なものを掴みつつあるようです。とにかくひたすら突き進んで欲しいと思ってます」

この言葉にどれだけ勇気づけられたことか。おそらく田原も、危(あや)うい瞬間をこの母親の鋭い視線に何度も引き戻されてきたに違いない。とにかく田原はもう心配をする必要はないだろう。

それより今しばらくはアキから目を離せないようだ。

三学期終わりの面談でアキの父親は、たどたどしい日本語で寂しそうに私に言った。アキの父親は中国の人で、アキは小学校一年生の時、祖母の母国である日本に帰って来た。

「私は上手く日本語は話せない。母親は病気なので私が来たけれど、アキは私に来て欲しくないと言った。アキは私が中国人であることが嫌だ」

一言一言必死で語る父親の横で、アキはただ黙っていたが、時折二人で交わす流暢（りゅうちょう）な中国語が印象的だった。

「アキさん、かっこいい！　そんなに中国語が喋れるなんて。今度クラスで披露してよ」

「嫌です。私中国語嫌いですから」

「どうして？　今、耳にとても心地良い響きで、素敵だった。それはアキさんの特技でしょ」

すると父親が、アキの顔を見ながら遠慮がちに言った。

「今まで日本語が上手く喋れないとからかわれたりすることが多かったから、アキは私が中国人であることを嫌っています」

思わず「まさか！」と言った後、不意に気になって、今のクラスではどうなのかとアキに聞いてみた。

「別にありません。大丈夫です」

気の強いアキらしく、鋭い視線で断言した。ことさらのように言い切ったアキの表情が、確実に何かが起こり始めていることを物語っていた。「とにかく気を付けてクラスの状況を見ていきますから」と父親に伝えて面談を終えた。

授業中の様子を見る限りでは、野球部が攻撃するのは、自分の考えを積極的に発言する池田と藤川に対してだ。しかも二人はかなり論理的に思考できるようになっていて、他の意見を簡単に却下したりする。そのたびに野球部たちは、「何様のつもりか！」とか「分かったようなこと言うな！」などとブツブツ呟いては、クラスの女子たちに呆れられている。

確かにそんな野球部たちの幼さは情けないが、その反面、野球部が苛立つのも分からないではない。何しろ彼らは深夜まで寮の練習場でバットを振り続け、ほとんどの時間を野球のために過ごしている。どんなに演劇部が忙しい生活をしているといっても、そこにかける時間は比べものにならない。だから彼らの中には、「本当の部活動をしているのは自分たちだ」という自負があって、演劇部の存在が腹立たしいのだろう。

とにかくもっと対立が激しくなって困り果てたなら、自分たちで何らかの動きをしていくのではないか。むしろ、ようやく明確に対立できるところまで成長したと考えるべきだろう。クラス替えをしないので、自分たちの力でどう解決していくのか見せてもらうことにして、そのままの状態で一年を終了した。

⑨［顧問（担任）の記］一年の終わり

10 変動
——俺みたいな素人が部長に？

邦明の所在はつかめないまま時間だけは過ぎていく。無事二年に進級できたものの、心は晴れないまま春から夏にかけて、僕は部活と捜索の日々を繰り返していた。

唯一、邦明は警察に捕まったわけではないことが、勇一からの手紙で分かった。少年院からの手紙だった。自分の弱さからこうなってしまったことへの後悔の言葉と、邦明は最後まで関与することを拒んでいたこと、僕だけは巻き込まないように二人で他のメンツを制してくれていたことが書いてあった。「ごめん」の文字が、少し滲(にじ)んでいた。

もう一度やり直せる、待っていると返事を書いた。きっと僕を巻き込まないために、あえて自分が関与したところもあるのだろうと思うと、胸が苦しくなった。

部活でも変化が起きていた。三年の先輩たちが引退して新しい部長を決める際、驚くことに僕の名前が梅野先輩から挙がったのだ。

「いやいや、俺みたいな素人が部長とか……」

そう言っている僕をよそに、女子部員たちから賛同の声が上がる。

「案外むいとるんやない？」

アキがぶっきらぼうに言い放った。

「田原がやってくれるなら僕たちも応援していくよ。なぁ」

野中がそう続けると、吉永も笑って頷く。池田は黙ったままだった。

それからしばらくして、池田は休部を申し出た。

「俺は演劇部だけで終わる人間にはなりたくない」

そう言っている池田の表情は、少し苦しそうに見える。その言葉に触発されてか、弓道部員でありながら演劇部に参加していた藤川も、「弓道部で本格的に活動したい」と言う。

また、入学直後から演劇部で、どんな時も安定して活動してきた山田でさえ、「情報クラブにも参加する」ということで、結果、役者をする男子生徒は僕一人になった。吉永や野中は、言葉通り手伝いに参加してくれていた。

クラスでは池田や藤川とも話したりと、妙な距離が出来るようなことはなく過ごしていたが、演劇の話になると池田の表情が露骨に歪むようになった。

「あそこだけに居たら駄目になる」と、演劇部を批判するような発言も端々に出始めていた。そう言っている時の表情は、以前より苦しそうに見えた。

授業中もクラスの雰囲気がピリピリする瞬間が増えた。それは決まって、周りの意見に対して池田が批判的に論破しようとする場面だった。藤川と口論になることも多い。

それに加え、もともと演劇部員を快く思っていなかった一部の野球部の野次が飛ぶ。そのたびに他の演劇部員の表情は曇っていた。

特にアキはその一部始終が不愉快なのか、嫌気が差したような表情を見せていた。僕にとっては、荒れた環境の方が当たり前だったため、気にもならなかった。中学時代、街を歩けば絡んできた他の中学の奴等や先輩やチンピラに比べれば、野球部など可愛いものだった。

それよりも僕は、教科書に書いてあることの意味を理解するのに必死だ。素っ頓狂な質問をして、よく授業を中断させていた。

休部が数名出た演劇部だったが、新しい部員も増えていた。一年生が四名、それと二年生の女子生徒が一名。新しい形で演劇部は動き始めていた。

二年になると、やはり野球部と演劇部の溝は深くなる一方で、険悪な雰囲気がクラスに蔓延していた。

「先生、このままでいいんですか」

何人かが訴えに来たが、「高校のクラスなんて仲良くなくていい。むしろ、意見をぶつけ合う経験に意味がある。自分たちでどうにかしてみれば」と、不満そうなメンバーに何度も言い続けた。

そんなある日、就職活動で忙しいはずの江口から電話があった。

「アキがかなり追い詰められていると、仲の良いケイコから連絡がありました。初めは二、三人の嫌がらせから始まったようですが、徐々に他の野球部にも広がって少々心配な状況みたいです。心配したケイコがアキには内緒で連絡してきたんですが、先生はまだ動かないでください。どうやらアキが自分で解決するつもりのようですから」

面談の時に見た、アキの鋭い視線が蘇る。急いで野球部の西村コーチに連絡し、状況を説明した。幸いなことにコーチは、卒業生が指導に来る演劇部に興味があるらしく、よく差し入れを持って来てくれる親しい関係だ。それで、もしアキが野球部と直接接触するようなことがあったら、見守りながらも全て彼らに任せて欲しいと依頼した。


「先生、冷房まだ入らないんですか……」

朝から野球部員たちがズボンの裾をたくし上げながら、うんざりした表情で訴える。

「六月から冷房が入るわけないじゃない」

そうは言ったもののムシムシとした教室は確かに不快で、窓を開け放っていても生ぬるい風が時折入ってくるだけだ。一時間程度の朝練をしてきた野球部員たちにとって、この蒸し暑さはさぞたまらないことだろう。それに夏の大会のベンチ入りメンバー発表の日が近いこともあって、彼らはピリピリしているに違いない。

相変わらずクラスの中では、池田や藤川、アキやケイコたち演劇部が授業を牽引している。苛立っている野球部はわざとのように反対意見を言うが、池田と藤川に極めて論理的に否定されてしまう。そんな理屈っぽい二人を、「いい気になってる」と感じる男子生徒たちも野球部に合流して、クラスの中の割れ目が一段と明確になってきた。

そしてちょうど同じ頃、演劇部にも新たな動きが生まれ始めた。池田、藤川、山田の三人が、いったん演劇中心の生活を終わりにしたいと申し出てきた。もちろん梅野先輩は快諾し、「思うようにやってみろ」としか言わない。新しい演劇部長はすでに田原に任せているので、「君たちは安心して新しいことに挑戦してみればいい」と、むしろ彼らの背中を押すように笑顔で賛成した。

「それぞれ自分の可能性を決めつけたくない、違うこともやってみたいと思うのは当然ですよ。それだけ成長したと言うことでしょうね。それにしても田原の部長は適任でしたね。新たな自分と出会ったという実感を誰より強く持ってますから、ひたすら貪欲（どんよく）に求めてきますよ。包容力もありますから、女子部員たちも安心して相談できるみたいです」

無口な部長だが、部員たちそれぞれが違った方向に動き始めた今の演劇部にとって、動じない彼は不可欠な存在だ。

そして、田原が部長として本格的に動き始めた一学期後半、まるで救世主のような新しい人材が登場した。いつも天真爛漫（てんしんらんまん）な笑顔で、誰からも愛される隣のクラスの女子生徒。入部直後、道具の片付けを部員全体でしていた時、彼女は迷うことなくポケットから汚れた軍手を取り出しながら大きくて重い道具の前に立った。

「ミホさん、それは重いから男子部員に任せていいよ」

そう言うと、大きな声で怒られた。

「私は先生みたいに甘えませんよ！　そのつもりでちゃんと軍手も用意してきたんですから」

横で梅野先輩が笑いながら呟いた。

「先生、珍しくやられましたね。彼女の豪快さは今の演劇部には貴重ですよ。そのうち女子部員とも親しくなるでしょうから、アキの頑なさを解かしてくれるかもしれませんね」

キビキビと道具を運ぶ後ろ姿を見ながら、彼女の明るさが何かを生み出してくれそうな予感がしてならなかった。

11 勇気
――彼女は笑いながら、また泣いた。

夏休みが近づいたある日、突然アキに呼び出された。

「話があるっちゃけど、十九時頃団地の公園まで来てくれん?」

アキと僕は同じ団地に住んでいた。とはいっても高校に入ってから越してきたらしく、中学も違えば、今までプライベートで会ったこともない。

夕暮れ時の団地の公園まで行くと、アキはすでにベンチに座って待っていた。

「悪い、待たせた?」、僕はとりあえず隣に座る。

「ううん。大丈夫」、アキは前を見たまま答えた。

公園は集合団地の中にあるのだが、他に人もおらず静まり返っている。正面の棟の窓にはぽつぽつと明かりが灯っていて、夕食の準備や家族の団欒の明かりが優しくもれている。アキはぼんやりそれを眺めているようだった。

しばらく沈黙が続き、ふいにアキが立ち上がる。そして僕の方を振り返らずにしゃべり始めた。

「私、そんなに強く見えるやか?」

彼女の肩が小さく震えたように見えた。僕はベンチに座ったまま、しばらく彼女の背中を眺める。

「強がりなだけなんやない?　でも、強くなれる強がりやと思う」

そう答えて立ち上がり、アキの顔を覗き込んだ。

「そっかぁ」

そう呟いた彼女は静かに微笑んでいた。

「ねぇ、何でこんなこと聞いたか、理由は聞かんと?」

少しの沈黙の後、彼女はそう言った。

「言いたいなら言えばいい」、そう答える。

「なんそれ」、と言ってアキは笑った。

数日後、次の公演に向けたミーティングをするため空き教室に集合した日、異変が起きた。時間が過ぎてもアキが一向に来ないのだ。

彼女は真面目な性格で遅刻することも、ましてや練習をさぼることなど一度もないタイプだったため、他の部員がざわつき始めた。しばらく待ってみても、一向に現れる気配はない。リエが急いで教室に確認に行ったのだが、バッグはあるらしく、家に帰ったというわけでもないようだった。

「みんなで探したほうがいいんやない？」

そんな言葉が出始めた時、アキが教室のドアを開けた。硬い表情のまま中に入り、一番奥の椅子に無言で座った。明らかに様子がおかしい。

中学時代からアキと仲の良かったケイコが駆け寄り、「大丈夫？」と声をかけた瞬間、アキは声をあげて泣き始めた。

人前で泣くイメージのまったくなかったアキの号泣（ごうきゅう）に、部員たちは困惑している。次々に駆け寄り、何とか声をかけようとしていたが、それを制した。

「全員外に出ろ。アキのことはケイコに任せる」

「えっ？　でも……」

「いいから出ろ。練習場に移動する」

動揺する部員たちを引き連れ、僕も外へ出た。

三十分ほど経って教室に戻ると、笑い声が聞こえた。ドアを開けるとアキが笑顔をこちらに向ける。他の部員を集め、中に入った。アキが事情をみんなに話してくれた。

普段クラス内では、他の生徒もいるためかあまり目立ったことはなかったのだが、アキと野球部の一部との関係は日に日に悪化していたらしく、アキをターゲットにした誹謗中傷（ひぼうちゅうしょう）が毎日のようにあったらしい。人がまばらな教室や廊下のすれ違いざまなどちょっとした瞬間にそれは行われていた。他のクラスの野球部数名も一緒になってだ。

一向に終わる気配のない嫌がらせに平然と振る舞いながらも、毎日苦しい思いでいっぱいだったとアキは言った。心配をかけたくなかったのか、僕たちにも悩んでいる素振りはまるで見せなかった。唯一、昔から仲の良かったケイコにだけは、胸のうちを漏らしていたようだった。

そして今日、意を決したアキは、驚くことに単身野球部のグラウンドに乗り込み、話をつけに行って来たというのだ。野球部のコーチにお願いし、その場を設けてもらったらしい。

「なぜ、私を馬鹿にするの？　なぜ、私が嫌がっても止めようとしないの？　なぜ、他の人も見て見ぬふりをしたの？」

そう言って野球部員たちに詰め寄ったらしい。

「怖くて足も声も震えっぱなしやった」

そう話す彼女の声は、まだ微(かす)かに震えていた。

「それで教室に戻ってみんなの顔見たら、一気に力が抜けて泣いちゃった」

彼女は笑いながらまた泣いた。

顧問（担任）の記

二年、一学期の終わりに

――クラスに吹いた新しい風

「先生、アキさんとケイコさんが泣いてます」

放課後の職員室にバレー部の女子生徒が飛び込んできた。教室に入ろうとしたら泣き声が聞こえてきたので、二人に気付かれないように知らせに来たとのこと。同じ部活生として演劇部員たちとよく話している彼女は、アキと野球部との確執を間近で見ながら、「いい加減にせんね」と野球部を制止する一人だ。

ついにアキが何らかの行動に出たのだろうが、かえって傷つけられたとしたらもっと早く介入すべきだったと、半分後悔しながら廊下を走った。

教室の前で息を整え中を覗（のぞ）くと、うつむいて座る二人の背中が見えた。さりげなさを装いながら、わざと明るく声をかけた。

「二人で何してるの、練習は？」

驚いた表情で振り返る。

「一番見られたくない人に見られてしまった！」

予想に反して二人は、泣き顔のままゲラゲラと笑った。

「一体どうしたの？　部長は？」と、知らないふりをしてアキに訊（き）いてみた。

「今、大冒険をしてきました。まだ足が震えて止まらないんですけど、自分で壁にぶち当たってきました。詳しくはゆっくり話します。田原君は違う部屋でみんなとミーティングしてます。私たちだけ残して、何も訊かず黙って出て行ってくれました。今日はそれが何よりうれしかった」

「じゃあ、私も何も訊かず出て行くことにするね。後はケイコに任せて」

そう言って笑いかけると、二人はまた泣きながら笑った。

教室を出ようとすると、アキが後ろから声をかけた。

「先生、お願いがあります。西村コーチにお礼を言ってくれませんか。コーチの顔を見ると泣いてしまいそうだから。練習中なのに私なんかの言うこと聞いてくれて、すっごくありがたかった！　感謝してますとお伝えください」

放課後の野球グラウンドは、七、八十人の部員たちの声が賑（にぎ）やかに交差している。誰一人としてぼんやり立っているものはいない。部員たちにとってこのグラウンドは、まさに聖地というべきものなのだろう。他の生徒たちが入ることのないこのグラウンドに、小柄な女の子がたった一人で足を踏み入れたのかと思うと、愉快でたまらない。本部席にいる西村コーチにアキの気持ちを伝えると、むしろ僕が感謝していると意外な言葉が返ってきた。

「江口君と梅野君からも、『野球部員にはあえて何も訊かないでください。知らないふりをお願いします』と頼まれていたので、彼女が来た時とにかく五人を呼び出して場所だけ提供したんですが、驚きました。僕も気になって、気付かれないようにそっと見てたんです。小さな女の子が五人を見上げながら、強い口調で三十分近く彼らに訴え続け、その前に並んだ五人は何も言えず彼女に圧倒されていました。涙一つ見せず、そりゃあ見事でしたよ。彼女が帰った後、五人が『すみませんでした』と頭を下げに来たんですが、『早く練習に戻れ』とだけ言って、約束通り何も触れませんでした。でもあいつら、何か目が覚めたような顔してましたよ。

軽い気持ちでの行動や言葉の怖さを少しは感じたと思います。本当にありがとうございました。また差し入れに行くと部員たちにお伝えください」

　グラウンドを見ると、最も露骨にアキを攻撃していた二人がこちらを見ている。きっと気になって仕方がないのだろう。本部席のドアを閉めて歩き出すと、彼らは帽子を取って頭を下げた。

　翌日の教室は不思議な雰囲気だった。おそらく朝のホームルーム前に、野球部員たちがアキにきちんと謝罪したのだろう。何となくぎこちないが、いつもよりクラス全体に穏やかな風が吹いている。そして前に立つと、担任はどれだけ知っているのだろう、どんなコメントを言うのだろうという興味津々（しんしん）の視線が集まってきた。

「じゃあ今日は、高校生作文コンクールに応募するための作文指導をします」

　そう言いながら原稿用紙を配り始めると、「作文かやん！」といつものように野球部から悲鳴が上がった。その剽軽（ひょうきん）な声を合図に、クラスは普段の表情に戻っていった。

12 絡み合う視線

――その視線の先に写る自分も、同じように笑っているだろうか。

ツクツクボウシの声に、もの悲しさを感じなかったのは何年ぶりだろう。

この一ヶ月、僕たちはひたすらランニングや筋トレを繰り返す日々を送っていた。「夏休み中にもっと体を鍛えておけ！」と、梅野先輩から指示があったこともあるが、何となく自分たちの中にもっと人間として強くなりたいとの思いがあったからだ。

「お前ら何部かやん！　文化部やろもん！」

グラウンドから野球部が笑いながら声をかけてくる。しかし嫌味な表情は一切ない。むしろ、「お前らも頑張れよ」といった連帯感さえ感じさせるような親しみがあった。

アキの一件以来、野球部と演劇部の関係は少しずつ変化していた。もちろん良い方向にだ。

小柄な少女が単身自分たちの本拠地に乗り込み啖呵を切ったあの事件は、彼らにも相当な衝撃を与え、自分自身を振り返るきっかけになったようだ。彼女の勇気はクラスや演劇部に大きな影響をもたらし、特に演劇部の女子部員の心に力強いエネルギーを生み出していた。今日も汗だくだ。

そんなある日、久し振りに練習場に顔を出した顧問が、意気揚々とある生徒の作文を持って来た。どうやら演劇部のミホのものらしい。彼女は隣のクラスなので知らなかったのだが、夏休みのオフ期間に九州一周の一人旅に行ってきたらしく、そのことを書いた作文だった。彼女のクラスの担任が、面白そうだからと旅で感じたことを書くように勧めたらしい。

「とりあえず読んでみなさい」

そう言って、部員たちにコピーしてきた原稿を配った。

「めっちゃ恥ずかしいんやけど……」

その光景を見ながらミホがそわそわしている。

彼女が戸惑いながらも書き上げたその作文は、すごく体温を感じるものだった。引き込まれ一気に読み終えた。なんだか彼女に自分より一歩先に行かれてしまったような気持ちにさせられる。どうやら他の部員たちも同じ気持ちになったらしい。

まだ用紙から目を離せずにいる。

「ね、面白いでしょ？」

顧問は僕たちの顔を見ながらそう言うと、さらにこう続けた。

「実は今読んでもらったのは一日目のもので、三泊四日の全文は明日の授業中に読んでもらいます。それから、この作文をもとに台本を書きます」

僕たちに異論はなかった。ミホだけが一人おたおたとしていた。

しばらくして台本作成と並行した練習が始まった。今回の台本は、ミホの一人旅を柱にして同世代の実体験を描き出すというもので、アキや僕の話も組み込まれることになった。

そんな中、アキの書いた文に僕たちは驚かされた。

「私の両親は中国人で、私も日本語がうまく話せなかった時期はいじめられたりもした。その反発から中国語を覚えようとはせず、自身の出生のことで苦しみ続けて来た」

思いもよらない告白に練習場が静まり返る。野球部との確執も、そのことが自身の根底にあったから、必要以上に彼らを警戒した側面もあるという。

「みんなには話せると思ったから」

アキは明るい表情でそう言った。

彼女の勇気を受け、僕も自身のことを話した。

自分の父親はかなりろくな人間ではなく、その血が自分に流れていることを心底嫌悪（けんお）したこと。成長とともにどんどん父親に似ていく自分が嫌で、鏡を見るたび苛立ちを覚えたこと。それでも父への思慕の念が捨てきれないのか、父譲りの関西訛（なま）りが抜けず、それがより自分を嫌悪させたこと。そして父にひどい目に合わされていたのに、離婚後も一度も父を悪く言わなかった母がいたから生きてこられたこと。父はいつも人を煙に巻くようなことばかり喋り本音を誰にも見せなかったが、父に会った最後の日、僕に投げかけた言葉だけは本音だと信じていること。それが唯一の救いだったこと。

僕の話を、みんなは真剣に聞いてくれた。

それぞれの体験が台詞（せりふ）となって、台本が出来上がっていく。台本の中に自分たちの言葉があるためか、演じているというよりは自分の過去や弱さを受け入れていくような感覚がした。等身大の自分を人前でさらけ出すのは、とても勇気がいる。特にアキは、今まで嫌っていた中国語をしゃべるシーンがあり、悪戦苦闘していた。家に帰ってからは、父親に発音を習っているらしい。少し照れくさそうにしゃべるアキの中国語は、とても綺麗だった。

時間がいくらあっても足りない、練習の日々はあっという間に過ぎ、舞台の本番も明日に迫っていた。そんな時、役者の後輩が足を捻挫した。今回の舞台は役者の人数も多く、代わりの人間がいない。その彼女の役はいわゆるギャルっぽい女子高生の役で、ヒールの高い靴をはいて舞台を歩き回り、時には飛び跳ねる場面もある。体育の時間に捻挫（ねんざ）したらしく、病院には行ってきたようだが、松葉杖をつきながら歩くその足はボッコリと腫（は）れあがっていた。

「この足じゃ絶対無理やろ……」

他の部員が思わず口にする。梅野先輩が台本をめくり始める。シーンを切り替えるためだろう。何とか不自然にならず出番を減らせないかと、僕たちもそれぞれ考え込み、練習場は静まり返る。その時、はっきりとした声が響いた。

「私、やりますよ。シーンも変えないでください。アキ先輩やみんながどのくらいの覚悟を持って、この舞台に挑んでいるか分かってるつもりです。絶対にやります」

その目は真剣だった。

「……分かった。お前の覚悟を信じる」

梅野先輩の言葉に僕らも頷（うなず）く。何があっても、必ず最後までやり遂げる。そう決めその日の練習は終わった。

本番当日、不思議と不安はなかった。自分のために逃げ出す人間はうちにはいない。そう信じられることが、心底心強かった。僕も、前に進み続けることから逃げ出すわけにはいかない。

心の中で、邦明や勇一や母のことを思った。

覚悟を試すように幕が上がる。

舞台袖で松葉杖をつき歩いていた後輩は、それを置き去り、舞台を所狭しと飛び回る。

そしてミホの旅での経験が舞台を繋いでいく。

父のくれた言葉を僕は喋る。

「母さん、大事にしいや」

突然脳裏に浮かんだ父の笑った顔。

最後に、アキの中国語の綺麗な響きが会場を包んだ。

幕が下り始め、僕たちに向けた拍手が会場中に広がる。閉幕と同時に、足を痛めていた後輩は座り込んだ。みな駆け寄る。心配してじゃない、激励のためだ。痛みに顔を歪（ゆが）ませながら、後輩は笑っていた。他の部員も皆一様にやり切った晴れやかな笑顔だ。

みんなの視線が絡み合う。その眼差しの先に写る自分も、同じように笑っているのだろうか。

そうだといいなと、みんなの顔を見ながら思った。

「役者たちの心の声が客席に伝わってきたよ」

幕が下りると、五条さんはそう言いながら立ち上がった。「いい舞台だった」としみじみ言ってくれた言葉に「ありがとう」と返事したかったが、涙声になりそうで「うん」とただ頷いて私もロビーに出た。保護者たちの大集団が、「先生！」と高揚した表情で近づいて来た。

「一年でこんなに成長するんですね」

「アキさんの流れるような中国語が素敵でした」

裏方を手伝ってくれた吉永君の両親の言葉に、皆そろって「ホントに！」と頷き合う。その中にミホの家族を見つけ近づくと、ミホの大好きな「ばあちゃん」がちゃんと来てくれていた。仕出し屋を営む忙しい両親に代わって、ミホを大切に育ててくれた人だ。今回の一人旅も、「今しか出来ないことをせんね」という「ばあちゃん」の後押しがあって、両親も許可してくれたという。

「この舞台はミホさんの作文が始まりです。今までのように大好きな『ばあちゃん』に甘えるばかりではなく、『ばあちゃん』を守っていける強い自分になりたいと出かけた一人旅での体験がもとになっています。誰かの役に立つ人になるようにと言われ続けてきたと聞きました。ミホさんはその言葉をしっかり守っています。ありがとうございました」

「ばあちゃん」と呼ぶには申し訳ないような、若くて穏やかな表情のその人に、私は思わず頭を下げずにはいられなかった。夏休み明け、ミホが提出した一人旅の報告文が、演劇部だけではなくクラスにまで大きな変化をもたらしてくれたからだ。

二学期が始まって一週間程経った頃のことだ。野球部の変化で教室はすっかり落ち着いた表情を見せていたが、相変わらず池田や藤川やアキが積極的に意見を言うので、授業中の対立はより白熱したものになっていた。ただ、以前のように否定し合うものではない。むしろ互いに議論を楽しんでいるといった雰囲気で、形勢不利になると「池田、お前を言い負かしたいけど……、腹立つ！　お前には勝てん。どんな本読んだらお前に勝てる？」と野球部が笑いながら言うようになった。国語の授業にも野球部たちが積極的に参加してきている。といっても野球部たちの作文嫌いは相変わらずで、彼らの原稿用紙恐怖症はその周辺の男子生徒にまで蔓延(まんえん)していた。

その日も「高校生作文コンクールに参加するから、明日までの宿題！」と下書き用の原稿用紙を配り始めると、野球部がいつものように「あーあ……」と溜息をついた。「原稿用紙を見ただけでじんましんが出る！」という声に、何人もが「俺も」と共鳴する。その声たちに向かって、「とにかく明日までに提出！」と叫んで教室を出た。

「まったく！　書くことの苦手意識をどうしたら払拭できるのかな」

職員室に戻ると、つい隣のクラスの先生に呟いた。二学年の国語を一緒に担当しているので、その先生とはよく授業の話をする。徹底した文章指導をする文芸部の顧問で、ミホの担任だ。

「読みますか？　ミホの紀行文です」

一冊のノートを机に置くと、「授業がありますから」と彼は急いで職員室を出て行った。

そういえば、「夏休み後半、青春18切符で九州一周旅行に挑戦します」とミホが言ってたっけ。少し汚れたノートを手に取りながら、「おばあちゃん子の甘えん坊が一人旅なんて大丈夫？」と、からかったことを思い出した。あの時、「どうして一人旅に出るの？」と質問した私に、ミホは真面目な顔で答えた。

「山下清みたいに、大きなリュック背負って何にも決めずに旅してみたい」

幼い頃から「ばあちゃん」と一緒に、「裸の大将」という連続テレビドラマを欠かさず見てきたという。「ミホなら大きな白いおにぎりが似合うかも」と笑いながらも、「自分探しの旅」などとありきたりなことを言わないミホを、私は無性に可愛いと思ったのだ。けれどその反面、ご両親が許さないだろうし、そんな勇気もないだろうと軽く聞き流していた。

「ホントに決行したんだ」と呟きながら少し汚れたノートを開くと、小さな字で黒く埋まったページが何枚も何枚も続いている。こんなに書くことがあったなんて、一体どこで何をしてきたんだろうと不思議に思いながら読み始めた。

そしてそれから三十分、私はひたすらミホの小さな字を追い続けた。時折、涙ぐんでしまう自分に戸惑いながら、消しゴムで黒ずんだページをめくっていった。

その日記は、「羽犬塚（はいぬづか）駅の冷えたベンチに座っていた」というフレーズで始まる。

＊　＊　＊

八月二十一日

羽犬塚駅の冷えたベンチに座っていた。不安と興奮が私の中で混ざり合っている。でもここまで来たら前に進むしかないと自分に言い聞かせ、ダイヤ表を見て次の列車を待った。

私の隣に座っていたおばあちゃんは大きなリュックを背負った私に尋ねてきた。

「どっかに行くとね？」

私はちょっと照れたように答えた。

「一人旅です」

（中略）

ワンマン列車は八代（やつしろ）駅で終点だった。次の列車の時間まで八代を歩くことにした。特に特徴のあるものはなかった。ふらっと引き込まれるように本屋に入り、くるっと一周して出て来た。なんだか虚しい気持ちになった。私自身の空っぽさは、私の見る世界も空っぽにするんだなあと思った。

下向きの心のまま、目に留まったスーパーに入り込んだ。別に何か買いたいという物はなかった。でも何かで心を変えたかった。私は林檎（りんご）をひとつ買った。自然な色がとても美味しそうに見えたからだ。

それはなんだか私を、くすぐったい気持ちにさせた。

※羽犬塚駅から八代（熊本）を経、八時間以上かけて西鹿児島駅に着いたミホは、ビジネスホテルに飛び込み、カウンターに座る「小太りのおじさん」に「一人旅？」と驚かれながらも、その夜の寝場所を確保する。

八月二十二日

午前三時、目覚めた。また寝た。六時前に目覚めた。朝日が窓から差し込んでいた。朝が来たことがとても嬉しかった。

（中略）

とにかく海に行きたかったのでそこを目指した。港に何艘（なんそう）かの船が浮かんでいた。そのなかの一艘の船の前でウロウロしていると、五十歳位のおじさんが私に声をかけてきた。

「どっから来たとね？」

日に焼けた顔に、少年のような素敵な笑顔だった。私は少しして、「福岡です」と答えた。それから「漁に出るんですか？」と尋ねた。

「今帰って来たとこ。魚やろうか？」

「いえ、いいです。料理できません」

私はパンとジュースをもらった。いろいろ話し込んだ。

「この仕事楽しいですか？」

「楽しい仕事はなか」

私はこの言葉にはっとした。楽しい仕事はなか……。確かにそうだろうな。私はやりがいがあるかを訊けばよかったと思った。私の将来就く仕事はやりがいのあるのがいいなと思った。楽しむっていうのも確かに必要だろうけど、それは一生懸命やり通してついてくるものなんじゃないかな。はあー、私は一体、将来何になるんだろう？

※鹿児島から普通電車を乗り継いで、十時間程かけて宮崎駅に辿り着いたミホはその夜、ビジネスホテルを避けて駅近くの旅館に泊まる。二晩目の夜、人恋しくなったミホは、蒲団を敷きに来てくれた「おばちゃん」と話し込み、すっかり仲良くなる。「大丈夫ね？」と心配してくれたその人の優しさに、思わず「一緒に寝てください」と言いそうになってしまう。

八月二十三日

旅館を出るとき、おばちゃんが「またおいで」と声をかけてくれた。私は少し迷った。また来たいけれど、そんなの今の私には分からない。でも何年か経ってここの場所に来れるとしたら、私はまた変わってるんだろうなと思った。確かに一日は二十四時間で何もしなくても明日はやってくる。平凡な毎日。でもそんな毎日を一生懸命、精一杯生きている人がいる。またここに来るときは、私はそんな人になっていたいと思った。

※その日の午後、宮崎駅から北へ二時間程の延岡を目指す。延岡駅で親しくなったお姉さ

んと恋愛の話をしたミホは、「素敵な男の人と釣り合うような自分を作ろう」と考えながら大分に向かう。その大分でさらに一泊。翌日、湯布院(ゆふいん)経由で久留米(くるめ)に着き、久し振りに「早く帰ってこんね」という「ばあちゃん」の声を聞いたミホは、はやる気持ちで家に辿り着き、三泊四日、九州一周の一人旅は終了する。

＊　＊　＊

ミホの報告文を生徒たちに読ませたいと担任の先生に言うと、印刷された十枚の紙を渡された。大人には書けない魅力的な文なので、かなりな時間をかけて入力したという。原稿用紙だと三十枚にもなる大作で、読むのに三十分は必要だろう。出来る限り縮小して印刷したが、小さな字で埋め尽くされたその紙にきっと何人もがアレルギー症状を起こすに違いない。

放課後、ミホの許可をもらいに雨天体育館に行くと、「脚本は？」と部員たちが遠慮がちに訊いてきた。

「おそらく今年はミホさんの一人旅を脚本化することになると思います。ミホ、いいですか？」

突然の報告に皆驚いた表情で私を凝視していたが、ミホは慌てて「えっ！　まさか！　どうして！」としきりに首を振った。

「もちろん、ミホが駄目って言うなら諦めますが、見知らぬ街で出会った人たちとの会話や、その都度感じた戸惑いや不安や発見は本当に魅力的で、まずみんなに読んで欲しいと心底思いました」

「いや、そんなつもりでまとめたのではなくて、それは宿題みたいなもので……」

すると田原がミホの言葉を遮った。

「ミホさん、俺も読んでみたい。どんな旅をして、何を感じたんか是非知りたい。覚悟を決めて一人旅をしてきたはずやのに、そんなことで慌てるなんておかしいやん。ミホさんが感じたことや発見したことを俺たちに教えて欲しい。もっと堂々としろよ。一人で九州一周してきたんやろ」

田原の顔をしばらく見た後、ミホは「うん」と頷いた。

翌日の国語の時間、「今日は、隣のクラスの女子生徒の紀行文を読んでもらいます」とだけ言って紙を配り始めると、案の定あちこちから悲鳴が上がった。

「何これ！　これ全部読まやんと？」

「誰の作文ですか？」

ざわつく彼らに「あれこれ言わずとにかく読む！」と命じた。

だがあっという間に教室は静まり返り、時折「この人ほんとにたった一人で？」とか「青春

18切符って？」という呟きが聞こえてきた。あんなに作文大嫌いな野球部員たちも珍しく食いつくように読んでいる。

三十分ほど経つと、早く読み終えた池田が、「なんか先に行かれたって感じ」と溜息混じりに呟いた。藤川も、「一人旅なんて俺が一番してみたいことだったのに、やられた！」と池田を見ながら言う。

その後、時間をかけて読み終えた野球部員たちも、「何かこの人かっこいいですよね」「先生誰っすか？」と興味津々で訊いてきた。演劇部のメンバーは、顔を見合わせてこっそり笑っている。

「僕、こんな人と付き合ってみたい」

今は生徒会活動に忙しい池田が、突然、「付き合う」などと言ったものだから野球部が即座に反応した。

「こんな行動力のある女の子が、池田みたいな頭でっかちな男と付き合うわけないやん」

「確かにそうかもしれんけど、逆に頭まで筋肉の男とも付き合わん！　絶対！」

池田が言い返すと、「頭が筋肉!?　それ誰のこと？」と野球部が叫んだので、皆どっと笑った。ただ田原だけは読み終えたプリントから目を離さず、顔を上げようとしなかった。

その後も、あちこちで「延岡ってどこ？」「文章上手いよね」などと楽しそうに感想を言い合い、あっという間に授業は終了した。それにしても、身近な同世代の影響力はたいしたものだ。「頭でっかち派」も「頭筋肉派」も、共に文章の魅力を体感し、書くことの意味を自然と感じたようだ。

帰りのホームルームで、「一週間後提出して」と言いながら作文コンクール用の原稿用紙を配布したが、野球部たちの「えー！」という声が少し遠慮がちになり、「何字以内ですか？」などと妙に前向きな質問までしてきた。

そして、それから二、三日後、授業が終わって教室を出た私に、田原が二つ折りにした分厚い原稿用紙を差し出した。職員室に戻りながら開くと、「沈黙」と題された長い作文。冒頭から目が離せなくなり、私は立ち止まっていることさえ忘れて読み続けた。

＊　＊　＊

沈黙

田原　照久

人が人と接する際、しばしば沈黙が生まれる。例えるならば苦手なもの同士が向かい合った時。例えるならば喧嘩した友だちと二人きりになった時。例えるならば片想いの相手を前にして言葉を失った時。例えるならば血のつながった人に憎しみを抱いた時。

僕は一九九五年から一九九八年の間、ひたすら沈黙を守り続けた。一言も言葉を喋らなかったというわけではない。クラスなどではむしろ人より騒ぐことやふざけ合うことが好きだったように思える。しかし僕は確実に、心の中で重い沈黙を守り続けた。

一九九二年、母と兄弟三人は父を置いて家を出た。たいしたことではない。今まで通り母と子四人の生活が新しい場所で始まるだけだ。もともといないも同然の父だった。その日から父と呼べる人間が僕の周りから跡形もなく、きれいさっぱり消え失せてしまった。でもただそれだけのことだった。

その後、一度だけ家族で父に会ったことがある。僕らを不憫に思った母が気を遣ったのか、それとも他に理由があったのか、父と僕らを食事させたのだ。一九九五年の夏だった。アロハシャツを着た父の額に汗が光っていたことをはっきりと覚えている。

僕はその日、父のことを今までと同じように「お父さん」と呼ぶことができなかった。僕にとってたとえどういう生き方をしようと、父はやはり父であり、「お父さん」と甘えることに憧憬の念すら抱いていた。だから父らしいこともしなかったその人に対して、憎いという反面、会えることが楽しみでもあったのだ。けれどその日、久し振りに父を目の前にして、どうしても「お父さん」とは呼べなかった。たとえ血がつながっていたとしても、すでに他人になった人だという思いが、子供心にブレーキをかけたのだろう。父も僕も黙り続け、互いに目をそらしながら気まずさに耐えていた。

食事も終わり、別れ間際、僕はトイレに立った。すぐ後から入って来た父が、後ろから声をかけた。

「最近、どないや」

二人きりのトイレの部屋に低い声が響いた。

「ぼちぼち」

ぶっきらぼうに言い放ったが、父の関西なまりの喋（しゃべ）り方が妙に懐かしく心地よかった。

今度は自分から自然に喋りかけていた。

「そっちこそどんなしとんの」

父も気まずさが解けたのか、昔のように僕に笑いかけながら返す。

「まぁこっちもぼちぼちちゅうところやな」

その笑顔を見て、僕の心は嬉しさでグチャグチャになった。

「そっか」

再び沈黙が戻った。やがて沈黙に堪（た）えきれなくなったのか、父はドアに向かって歩き始めた。ドアのノブに手をかけた父が振り返って言った。

「お母さん、大切にしいや」

最後に聞いた父の言葉だ。

その後、僕は少しずつ心を閉ざすようになっていった。たとえどんなに友だちと騒ごうが、ふざけ合おうが、常に心は空っぽだった。父のことはとっくの昔に整理をつけたと思っていたのに、通りすがりの親子や仲の良さそうに公園でキャッチボールをしている親子を見ると、吐き気がするほど苛々(いらいら)した。僕はそんなに強くなかった。苛立ちをかき消すかのように、僕の生活は荒れていった。堕(お)ちるのは早かった。少しずつ自分の大切にしていたものが何なのか分からなくなって、全てがどうでもよくなった。僕は友だちと派手に遊び回りながら、心の中で沈黙を守り続けた。

一九九八年、まわりは進路などで慌ただしく動いていたが、僕はまだふらふらしていた。高校なんて行く気がなかった。ただ楽しければそれでよかった。そんなある夜、何度繰り返したか分からない親子喧嘩(げんか)が始まった。「うるせえやん」「ムカツク」、そんな幼稚な暴言を浴びせられても、母はひたすら黙っていた。そして母が顔を上げた次の瞬間、僕は思いきり頬を殴られた。母の目には涙がいっぱいだった。けれど母は黙り続けた。僕もまた黙って母の前に座り続けた。そしてその時、不意に言葉が浮かんできた。

「お母さん、大切にしいや」

僕は鼻の奥がジーンと来るのに耐えながら母を見た。母もまた僕をにらみつけたまま、涙を流すまいと必死でこらえているようだった。二人の間に長い長い沈黙が続いた。その沈黙の中に何度も何度も父の声が響いた。

「お母さん、大切にしいや」


一九九九年春、桜の花びらが舞う中、僕は母と肩を並べて高校の正門をくぐった。

＊　＊　＊

「何故？　本も読んだことがない、文なんて書いたことがないと豪語していた彼に、何故こんな文が書けるの！」

心の中で繰り返しながら慌てて教室に戻った。

「田原君いる!?」

興奮気味の私に、雑談していた田原が驚いて振り返った。

「この作文だけど……」

「書き直しですか？　作文なんて初めて書いたので不十分でしょうが、応募しないのでそれで受け取ってください」

きっぱりと言い切った彼に、私はどうしても聞かずにはいられない。

「違うの。手直しなんてまったく必要ない。そんなことよりどうしてこんな素敵な文章が急に書けたのか聞きたいの？」

「素敵……ですか？　そんなこと急に言われても……」

私の言葉が余程意外だったのか、傍にいた池田や藤川の顔を見る。彼らもじっと田原を見つめ返す。わずかな沈黙の後、田原が微笑みながら言った。

「上手いかどうかは別として、作文なんて書く気もなかった僕がこれを書いたのは、やはり書きたかったからです。書きたいことがふつふつと心の中に湧いてきて、書かずにはいられない。でもそれは伝えたい相手がいたからこそ。伝えたいことを相手に分かってもらいたいと思ったら、出来るかぎり適切な言葉を探します。多くの言葉を知りたいとも思う。きっとそれが学ぶということだろうとこれを書きながら思いました」

いつの間にか、田原の後ろに演劇部のメンバーが立っている。田原の言葉を訊き終わった私は、「ありがとう……。なんか納得した」とかろうじて言った。そして、後ろの彼らと目が合った瞬間、鼻の奥がツーンと痛くなった。すると、アキがさばさばした表情で言う。

「その気持ち、よく分かる。私も今度の作文は、どうしても書いておきたい、皆に読んで欲しいって思って書いたから」

すでに提出した作文に、アキは、かつてあれほど隠していた自分の生い立ちを丁寧に書いていた。

戦争中、中国でたった一人残された祖母は、助けてくれた中国の人と結婚したこと。そして孫娘である自分も幼い頃まで中国で育ったが、日本に帰りたいと訴え続ける祖母のために家族とともに日本に帰って来たこと。けれど言葉が上手く話せずずっと疎外感を持ち続け、周囲を拒絶し続けたこと。そして今は、戦火を必死で生き抜いた祖母と、祖母を助けた祖父に感謝し、中国と日本という二つの血が流れていることを誇りに思う等々。

アキも田原も書くことで、今までの自分から大きく飛び立って行こうとしている。まさに書くことの原点だなと感動していると、藤川が大きな声で叫んだ。

「それで田原、伝えたい人って誰？」

その声に野球部員たちも、「なん？　何の話？」と参加してきた。

「何でもないいって！」

何か言おうとした藤川を田原が慌てて遮（さえぎ）った時、「おーい、席に着け」と次の授業の先生が入って来た。

その日から私は、遅れていた脚本作成に入った。頭の中には様々な映像が浮かんでくる。

「自分を捨てた父親を憎んで、荒れた生活をする一人の少年。
その少年に『父親がいないなら、その分たった一人の母親を大切にしろ』と諭す青年。
戦火の中国で結婚し孫までできたものの、家族を連れて日本に帰ってきた高齢の女性。
その娘で母の故郷の日本に共に帰って来たが、子どもが不登校になり苦しむ母親。
それらの登場人物たちと出会いながら旅を続けていく、大きなリュックの女子高生」

大まかな流れが決まったあとは、まずキャストを決定し、それぞれの台詞を自分で作ってもらうことにした。

自分の祖母を演じるアキに、「台詞は中国語で」と指示すると、「今夜から父親にきちんと教えてもらいます」と即座に返してくる。練習しなくても充分美しいと言うと、「本物の中国語はもっと綺麗です」と胸を張った。また不登校になった娘に悩む母親役にリエを指名すると、「私も母親に、あの頃のことを思い出してアドバイスしてって頼みます」と、明るく笑った。

そして、もちろん田原には、「お母さん、大切にしいや」という言葉を壇上で語ってもらう。舞台上には常に大きなリュックを背負ったミホが、温かく様々なメンバーを繋いでいく。それは現実の演劇部でのミホの存在そのものだ。

結局、今回の脚本はそれぞれが歩んできた道のりを、再び辿（たど）って行くという文字通り彼ら自身の舞台となった。その周辺をケイコやアイコ、そして後輩たちがしっかり固め、照明や音響は当然のように野中と吉永が引き受けてくれた。すると、その熱意を感じた藤川や山田も、「俺たちも脇を固めたい」と申し出てきた。

「今年はそれぞれが主人公の舞台だから、演出をしていても彼らの本音と向かい合うことになるでしょうね。楽しみです」

梅野先輩の言葉が何より心強い。演出によってどう立体化していくのか、すでに頭の中に構想が立ち上がっているのだろう。穏やかな笑顔の彼に、「よろしくお願いします！」と最終脚本を手渡した。

九月半ば過ぎ、大会に向けて梅野先輩の本格的な指導が始まった。今年もまた夜の練習場で過ごす一ヶ月。昨年のように、保護者や先生たちが時々差し入れを持って顔を出し励ましてくれる。けれど昨年とまったく違うのは、休憩時間の練習場の光景。

「俺たち、また秋の大会も駄目やったけん、お前らは頑張れよ」

そう言いながら、いつの間にか野球部員たちが練習場に来るようになったのだ。汚れたユニフォームで「失礼します！」と入ってくると、後輩が並べた椅子に座って神妙な顔で練習光景を見ている。そして休憩時間になると、差し入れのお菓子を一緒に食べながら、賑やかにお喋りして……。

「応援しに来ているのかと思ったら、お菓子が目的だったの!?」

「俺たち応援してますよ。毎日、桜の花びら切るのをちゃんと手伝ってます！」

そう言えば最近、クラスメイトたちはそれぞれの机に小さな箱を置いて、今度の舞台で散らす桜の花びらを作ってくれている。アイコが持ち前の優しい笑顔で皆に依頼して、作業が始まったらしい。確かに野球部員たちも、アキやケイコから「似合わんよ」と笑われながら、結構熱心に鋏を動かしている。三ヶ月前には想像もつかなかった光景だ。

そして、演劇部とすっかり仲良くなった野球部員たちは、とうとうバドミントンラケットまで持って来てゲームを楽しむようになった。夜の雨天体育館に大声が響く。その光景を微笑みながら見ている梅野先輩にも容赦なく声が飛んだ。

「先輩！　対戦しましょう！」

元来運動の得意な梅野先輩も楽しそうに参加して、十五分はあっという間に経ってしまう。

「そろそろ休憩時間終了です！」

そう叫ぶ私に、野球部と共に「えーッ！」と必ず不満そうに声を上げる藤川。けれど梅野先輩が、グラウンドに帰っていく野球部員たちに「また、明日な」と声をかけると、それを合図に部員たちは即座に発声を始める。部長である田原が全体に指示をし、脚本に入る準備を整える。そして、「先輩、よろしくお願いします」と言うと、練習場に緊張感が戻ってきた。

　そうやって部員たちは夜の体育館で一ヶ月を過ごし、大会当日を迎えたのだった。


　地区大会の舞台から一ヶ月後、私たちは今年も大きな公民館での公演に挑戦していた。昨年、田原が初めて役者として舞台に立った、あの公民館だ。演劇大会での本格的なステージと違い、客席との距離が近く観客の息づかいが役者たちに直に伝わってくる。アキの台詞に多くの人が涙を流し、頷きながら観てくれたその日の会場の雰囲気は何とも温かいものだった。

　カーテンコールで部員たち一人一人の挨拶が終わった時、アキが突然「もう一度、話をさせてください」とマイクを手にした。

「今日私が演じたのは、私の祖母の話です。今日皆さんの前で演じながら、私は自分が半分中国人であるというわだかまりから、完全に解放されていると実感することが出来ました。今まで何を恐れてあんなに心を閉ざしていたのだろうと不思議にさえ思います。私に勇気をくださった皆さんに感謝します」

　大きな拍手の中、私は二階の調光室にいる梅野先輩に、「先輩、最後の挨拶をお願いします」とマイクで呼びかけた。けれど返事は聞こえず、二度三度と呼んでも姿が見えない。調光室に残った野中が何か合図しているようだが、時間がないので最後の挨拶を部長の田原がして公演は終了した。

撤収作業の時に梅野先輩を探している私に、野中と話していた田原が、「先生、時には先輩を自由にしてあげてください」と笑いながら声をかけてきた。「どうして？」と怪訝（けげん）そうに訊くと、野中が「アキさんの話を訊きながら、『アキは強くなったな』と一言呟いた後、先輩思わず泣いてしまったんだと思います。だから下りたくなかったんです」と話してくれた。

若干二十歳の青年が、そんなにも真剣に高校生に向かい合ったとは！　その思いの深さに圧倒されてぼんやり立っていると、入り口に先輩の姿が見えた。

私が近づこうとすると、「梅野先輩！」と田原が先に声をかけた。

「先輩、撤収作業後、総括お願いします。みんな先輩からの厳しい一言待ってます！」

ことさら明るく言う田原の気持ちが伝わってくる。だから私も、「先輩、私、近くの喫茶店でコーヒー飲んでるから、終わったら電話して」と言いながら歩き出した。

「先生、い・つ・も・の・よ・う・に、ゆっくりしてきてください」

珍しく先輩がからかうように言うと、「先生がいても役に立たないし、ね、先輩！」とミホが笑いながら続けた。

13 三度目の春

――僕らのモラトリアムが終わろうとしている。「あいつらと最後の大会に出たい」

受験や就職が少しずつ間近になってきて、教室は少し浮き足立っている。高校に入って三度目の春を迎えていた。僕らのモラトリアムが終わろうとしている。

桜の花も満開になった頃、邦明から手紙が届いた。あいつが姿を消してからもう一年以上が経っている。住所は書かれていなかった。思わず郵便受けの前で封を開けた。

連絡が遅くなった謝罪と、元気でいること、そして姿を消した経緯が書かれていた。

「マジで遅ぇやん、馬鹿が……」

手紙を手にそう口にしながら、滲む視界を文字に戻した。

あの当時、邦明は事件への関与を拒み続けていたのだが、それがグループメンバーの一部からの反感を買い、「こちらに関与しないかわりに」と、そいつらの知り合いのチンピラから非正規のブランド財布数十点を売りさばくよう押し付けられていた。販売額は一点十数万だ。脅しでもかけない限り売れるわけがない。販売はもちろん物品の受け取りも拒み続けていると、次は商品持ち逃げの濡れ衣を着せられて追われ始め、街を歩くのもかなり危ない状態だったらしい。何とか逃げ回っていたが、いよいよ相手方が「追い込みをかける」と息巻き始めたため、僕ら家族を巻き込まないために、何も告げず遠方の知り合いのところへ身を寄せていたらしい。そこで日雇いのバイトをしながら、何とか生活できているようだった。

「もう少し経ったら、様子を見に帰る。前回の公演は観られなかったけど、きっと今も照さんが頑張っていると思うと、いつも励みになっている。会えるのを楽しみにしている」

読み終え、笑みがこぼれる。仕事から帰った母に手紙を見せると、予想通りの大泣きだった。

演劇部はオフシーズンに入り、基礎トレーニングを重点的にやる期間に入っていた。毎日部活はやっていたが、池田はほとんど演劇部に顔を出さなかった。しかし、生徒会などで精力的に活動していたことが自信に繋がったのか、教室では以前より余裕のある表情で過ごしていた。

藤川は弓道部の活動を熱心にやっていたが、部員数や練習場の不備などで弓道部の活動が縮小しており、思うように部活が出来ないことによく不満を漏らしている。まだ二人とも、演劇部への復帰は表明していない。どちらも大学を受験するらしく、最近の会話はもっぱら進路のことになっていた。

周りが受験や就職で慌ただしくなる中で、僕はこれからに迷っていた。進学するにも金がかかり、とてもじゃないが費用を工面できないだろう。進学を強く希望する意志もない。当たり前に就職をするものだと思っていたが、先輩たちのように演劇の指導に関わっていきたい気持ちが芽生え始めていて、それが「すぐに就職する」ことに迷いを生じさせていた。人生が変わる喜びを、これから入ってくる後輩たちに少しでも伝えたい。誰からも何も言われず、自分から何かしたいと思うことは初めてだった。

「ごめん。おかん。……俺、まだ就職迷いよる」

ある日の夜、思い切って母に自分の気持ちを伝えてみた。

「甘えとるのは分かっとる。でも、先輩たちみたいに演劇部に関わって、自分と同じようなやつらに、前を向かせてやりたいんよ。それが仕事しながらやったら、きっと出来んと思う。俺、不器用やから。もちろんバイトしながら、生活費は入れる。もう少し演劇に関わる時間を俺にもらえんやろうか？」

あきれられるのを覚悟で、そう言った。

「いいよ。好きにせんね」

母は静かに笑って言った。

「自分の道は、自分で決めなさい。でも中途半端にしたらいかんけんね。やるならとことんやりなさい」

母は真っ直ぐこちらを見ている。

「ありがとう。でも俺がフリーターになったら、また周りからいろいろ言われるやろ？……、すまん」

「何も気にせんでいい。昔から一度も変わらず、あんたは私の誇りなんやから」

そう言って母はまた笑った。


就職も進学もしない。他の人から見れば眉をひそめる選択だろう。でも、やりたいと思うことが明確にあり、それを応援してくれる人がいる。そのことが僕の未来を明るく照らしていた。しかし心の中に、池田や藤川への思いがあり、このまま卒業してしまうのかと思うと納得できない自分がいる。でもまだ、僕は動けずにいた。特に池田は演劇以外で生き生き活動しているので、部活の話をするとそれに水を差してしまうのではないかと気後れしてしまい、何も言えなかった。揺れ動く僕をよそに、いよいよ演劇部が大会に向けて動き出す時期になった。

今年はいつもより早く脚本が出来つつあり、いよいよ来週からは配役決めが始まる。今年顧問が書いた「仲間との付き合いの中で、それぞれの弱さや葛藤が浮かび上がる」という脚本は、自分たちが高校で過ごした時間を思わせた。

「あいつらと最後の大会に出たい」

脚本を読んで、その気持ちがさらに大きくなった。あいつらがいなかったら、きっと今の僕はいない。

「なぁ、これで終わるんか?」

土曜日の放課後、いつも練習終わりにたむろしていた公園に池田と藤川を呼び出し、そう告げた。

話があると呼び出した時点で、部活のことだと分かっていたのだろう。藤川はその問いにすぐ答えた。

「俺も、このままで終わるのは嫌っち思っとった。なんか中途半端やし、何となくその話題を避けとったけど、お前に呼び出された時にもうやろうっち決めとった」

そう言って藤川は笑った。池田は黙ったままだ。

目を伏せたままの池田に僕はまた問いかける。

「俺はお前らと演劇をやって、初めて仲間と何かをやり遂げる喜びを知ったんよ。俺の我儘(わがまま)かも知らんけど、お前らと最後の大会に出たい。なぁ、池田、演劇部を引っ張る男になるって言いよった気持ちは嘘やったんか？」

池田はまだ黙っている。少し肩が震えているように見えた。

「お前逃げとるだけなんやないか？」

その言葉に、池田は顔を上げ、僕をじっと見た。

「お前に、何が分かる！」

そう言って詰め寄り、僕の胸ぐらを掴む。その手は震えている。

「……みんなに認められて、必要とされとるお前に。俺の何が分かる！」

「そんなん知らんわ！」

僕も池田の胸ぐらを掴み、睨（にら）み付けた。

「悔しいんやったら、見返せよ。お前はそんなもんなんか？　グダグダ言っとらんで行動に移せ！」

藤川は黙って僕らを見つめている。僕らは睨み合ったままだ。

その時不意に、本番の後、笑っていた池田の顔が浮かぶ。

「待っとるからな」

そう言って池田を突き放し、公園を後にした。

藤川は僕を追って来なかった。それがとても頼もしく、嬉しかった。

月曜の教室で、二人とは特に話はしなかった。今週から配役が決定していく。もちろん練習場に来ていない者にそのチャンスはない。でももう不安はなかった。

放課後、誰より先に練習場に向かい、二人を待つ。

「よう！　随分遅かったやんか」

「嘘や！　俺が一番と思っとったんに！」

藤川が笑う。

「俺が一番で藤川が二番。お前が三番やな」

出入口に立ちすくんでいた池田に、茶化(ちゃか)すように声をかけた。

顧問（担任）の記

卒業に向けて

——君の、その苦しみの方へただ渡って行く

彼らを担任して三度目の春が、桜の花びらを散らしてあっという間に通り過ぎていった。連休明けの放課後、ふと立ち上がり外を眺めると、桜の若葉が初夏の風に揺れている。グラウンドから響いてくるのは、野球部員たちの威勢のいい掛け声。夏の大会に向けての本格的な練習が始まっているのだろう。二年まで担任してきた野球部員たちの最後の夏だ。

その声を聞いていると、一ヶ月前彼らから言われた言葉が蘇ってきた。

「なんで俺たちが……。俺たちこのクラスで卒業したかったのに！」

あの時野球部員たちは、本当に悔しそうな顔で私を睨(にら)んでそう言ったのだ。

二年三学期、進級直前のことだ。一年前とは打って変わって、進級に不安なメンバーもなく、いよいよこれからが高校生活の本番と考えていた彼らに突然衝撃が走った。経営面での合理化対策で、一クラス減という方針が学校側から打ち出されたのだ。

当然クラス替えが必要となってくる。「二年という時間をかけて自分たちの力でクラスを作ってきた」という自負を持っている彼らは、心底失望し怒った。他のクラスからも、クラス替えには断固反対という意見が集まってきた。生徒会役員の池田は生徒会の中で意見を提出し、クラスでは野中が中心になって代表者を決め、校長や教頭のもとに出向いて交渉にあたった。その間、私はあえて意見を言わず、ただ思うようにすればいいと池田と野中に全てを任せた。

「この二年で、退学者がかなり出ているので、どうしても仕方ないからね」

一週間後、生徒たちの真摯な気持ちを理解しつつも、学年主任はクラス替え作業を開始した。もちろん私にしても、経営を考えての決定がひっくり返ることなどあり得ないと分かっている。けれど自分たちだけで交渉するという今回の経験を通して、彼らが獲得するであろう自信を何より大切にしたかった。結局、野球部の部長が新しく担任団に加わることになったので、やむなくそのクラスに野球部員を移し、他のクラスから新しいメンバーを受け入れた。その発表で誰より悲しんだのは野球部員たち。

「せっかく演劇部員とも仲良くなったのに……、何で『俺たち』なんですか！」

しばらく怒りをぶつけてきたが、西村コーチの「お前らの目標を忘れるな！」の一言で、彼らは引き下がった。それに彼らは、演劇部員たちが中心になって抗議活動をしていたことを知っていたので、「これからも雨天体育館に遊びに行くから待っててよ」とアキやケイコたちに言いつつ、クラス替えを了承したのだ。

他クラスからのメンバーが加わって始まった最終学年。新しいクラスメイトたちに気を遣いながら、クラスの様々な仕事は演劇部員が引き受け、授業面でもリードしている。とりわけ池田は大活躍だ。「知的好奇心を失ったら人間として失格だ」と言いながら、藤川や山田たちとともに授業を牽引している。そんな池田たちの発言を田原は楽しそうに聞いているが、「授業中の主役は池田たち」と言わんばかりの態度で、発言することはほとんどない。「レゾン・デートル」「アンビバレンツ」「カオス」などの言葉を多用する池田に、しばらく眉をひそめていた新しいメンバーたちも、徐々に影響を受けているようだ。しかも進級してすぐ大学に進学すると表明した彼のお陰で、クラス全体の進路意識が高まっている。まさにクラスの中心的存在として、クラスを引っ張ってくれているといっても過言ではない。

また二年後半から生徒会役員として熱心に活動してきたことが評価され、三年になってすぐ生徒会長に選出された。クラス全体が「我がクラスから生徒会長を出そう」と意志一致し、それぞれが一、二年のクラスにまで出向いて選挙運動をした成果といっていいだろう。相変わらず理屈ばかり並べて女子生徒から面倒がられる池田だが、誰に対してもひるむことなく意見を言う勇気と論理力は信頼されている。

学校という組織の都合が時に生徒の意志を押し潰すという経験を通して、生徒たちは自分たちの代弁者の必要性に気付いたようだ。ぶれることなく意見を言い続ける池田のしつこさが、二年の時を経てようやく評価された。そして誰からも信頼されている野中が、応援演説を引き受けた。演劇部員たちも熱心に応援したことは言うまでもない。

だから池田は三年になって充実した日々を送っていると、誰もが思っていた。ところが彼は、何故だか満足できないままだったようだ。

そしてついに、最近の彼からは怒りさえ感じるようになった。職員室に入ってくる表情を見るとすぐ分かる。ポーカーフェースの田原と違って、真面目すぎる池田は心の内を隠すことができない。二年後半から心の内にある葛藤が時々表情に張り付いていたが、三年になってますます苛立ちが高まっているようだ。そしてその刃（やいば）は常に担任である私に向いている。おおよその心の内は分かっている。けれど彼が明確に言葉にするまでは、私も田原のようにポーカーフェースでやり過ごすことにしようと決めていた。

連休明けの放課後、ぼんやりグラウンドを見下ろしていた私は、彼の鋭い声に振り返った。

「先生、このままでいいんですか？」

「何が？」

「三年になっても演劇部は部活動中心の生活で、彼らの進路は大丈夫なんですか？」

「だって、みんな自分の意志で決定したことでしょ。関東の大学を希望したリエと山田はすでに三年の舞台から下りているし、他のメンバーは進学と両立すると宣言しての活動継続だし。全て自分で決定したことなんだから、何の問題もないはず」

「もちろんそうです。けれど先生の考えが自然とその人の方向を決定してしまうこともあります」

「いや私は誰にも強制したことなんてない。君は一体誰のことを心配しているの？」

どうやら池田は我慢できず本音をぶつけてきたようだ。眉をしかめて一瞬沈黙した後、池田はついに彼の名前を口にする。

「例えば田原です」

「田原？」

私はあえて意外そうに訊き返す。胸にしまい続けた二文字を口にした彼は、その後一気に話し出した。

「田原は卒業しても演劇の指導をしていきたいと考えています。それは先生や梅野先輩の気持ちも分かっているからです。進学は選択肢にないと判断している彼の進路は、当然就職です。

でも就職したら放課後の指導はかなり困難になると悩んでいます。だから田原はフリーターという選択をするかもしれません。先生、それでいいんですか？　田原の人生がかかっている時に、このままでいいんですか？」

「だって、田原自身のことだから田原が決めるしかない。あくまでも彼の決定した方向に従って、よりよい手段を考えるのが私の仕事。まずは彼の意志ありきです」

「そこまで彼に無理をさせても、彼を次の指導者にしたいんですか？」

ついに彼の本音が溢れだした。

「ねえ、結局君が一番言いたいことは何？」

「つまり田原を犠牲にするなということです。田原は何も言ってません。むしろ彼が言えないから僕が言っているんです」

「じゃあ、君はどうすればいいと考えているの？」

「だから、江口先輩や梅野先輩のように、大学から通って指導するのが一番いいと……」

「ということは、つまり？」

一瞬、池田が黙り込む。沈黙の後、彼は私をじっと見て言った。

「つまり僕がしたら、最も合理的です」

「合理的だとしても、先輩は君ではなく、田原を選んだ」

私は即座に返した。今度は彼も畳みかけてくる。

「じゃあ、先生は？」

「私も君を選ばない」

「なぜ？」

「それは君が一番分かっているはず。だからわざと私に言わせて確認したんでしょ？」

しばらく私を睨むように見た後、彼は「ありがとうございました」と頭を下げ、職員室を出て行った。その背中に投げかけたい言葉が、次から次に胸の奥に湧いてくる。けれど、全ては自分で導き出すべきもの。というよりすでに彼には分かっている。分かっているからこそ、私に問いかけることで明確にしたかったのだろう。田原にあって自分にないものは何なのか……。そして、そんな「自分にないもの」を渇望している青年にとって、大人のアドバイスほど無用なものはない。

池田は田原の存在を、乗り越えがたい壁のように感じている。でも、田原の出発点にいたのは紛れもなく彼自身だ。彷徨(さまよ)っていた二年前の田原に最初に手を差し出したのは池田で、もし彼がいなかったら今の田原の存在はない。その出会いのドラマを牽引してきた張本人が、自分の役の面白さに気付いていない。

一学期が終わり、あの日職員室で見た池田の後ろ姿を思い出しながら、私は脚本の作成に取りかかった。彼のお陰で、今年はいつになく早い時期に脚本の方向が決まりそうだ。パソコンに向かうと、池田が共感するとしきりに言っていた卒業生の短歌が、心の中に浮かんできた。

殺戮（さつりく）を描き続けたキャンパスに一筋の血も流せずに終わる

授業中、池田が「この短歌が好きだ」と発言した時、当然のことながら、多くの生徒たちが「殺戮」という言葉に反応した。

「殺戮って殺すってこと？　一体誰を？」

ざわつくクラスメイトたちに、その時の池田は「自分自身に決まってるだろ」と断言したのだ。何人かが「そうかなあ……」と異議を唱えようとしたが、池田の迫力に負けて発言を止めてしまった。池田の心の中にある葛藤を、クラスメイトたちも感じたからだろう。

今年はその短歌を軸にして、ドラマを展開することにした。

同級生から自信に溢れた存在と思われているにもかかわらず、内面では自分に納得できず自己否定を繰り返す青年。大人になって久し振りに集まった仲間たちは、姿を見せないその青年との思い出を語り合ううちに、今まで知らなかった彼の内面に近づいて行く。そしてそれをきっかけとして、新たな形に変化する高校時代の仲間たち。

ある程度出来上がったところで、田原に読んでもらうため練習場に行くと、部内での人間関係に悩む後輩に穏やかに話しかけている。

「高校生になって僕は、友人を好きとか嫌いという基準で判断するのは愚かなことだって気がついたんだ」

「愚か？　ですか……」

後輩は下を向いたまま、不満そうに呟いた。

「もちろん僕にも当然、好きなタイプと苦手なタイプはある。でも部活動を通して、それよりももっと大切なものがあると気づいたんだ」

「大切？　それって何ですか？」

思わず顔を上げた後輩が、田原をじっと見た。

「信頼できるかどうかってこと。たとえ嫌いなタイプだったとしても、あいつは必ずやり通す、あるいはあいつならきっとこう動くと判断できたら、その友人に任せたり頼ったりすることが出来る。何かを共に創り上げようとする時、そう確信できる友人が一番重要になる。好きか嫌いかなんてどうでもよくなるんだ。そしてそこに気づくと互いの関係が解放されて行く。

しばらく部活を続けてみろ。君も今までとは違う何かをきっと発見する。そしたら僕に教えてくれ」

そう言った後、「先生、脚本、出来ましたか？」と私を振り返った。もう彼に私の気持ちを説明する必要は何もない。

「とにかく読んでみて。後はどう書き直してくれてもいいから、君たちに任せる。藤川や池田とも話し合ってみて」

今は演劇部にまったく顔を出さない池田の名前を、さりげなく口にした。

「もちろんです」

彼もまたそれだけ言うと、再び基礎訓練の指導を始めた。

十月終わり、最後の舞台には、久し振りにフルメンバーが登場することになった。大学の推薦入試と必ず両立させると宣言した池田と藤川は、メインキャストとして生き生きと練習している。個別指導を受けている山田も我慢できず、少しでも舞台に立ちたいと練習場にやってきた。結局、後から書き足した剽軽な後輩役で、練習中から皆の笑いを誘っている。

そして、最後のシーンは田原が大好きな詩で締め括ることにした。部員たちが折に触れて、朗読の練習に使うお気に入りの詩。部室にあった色褪せた文集の巻頭に掲載されているのだが、タイトルもなく作者名さえ書かれていない。部室を掃除した時に、積み重なった古い台本の中から出て来たという。クラス文集のようだったが、最近の卒業生のものではなく、職員室で聞いてみても誰も知らないという。脚本に使うための許可を取りたくても、手がかりはまったくない。一体誰が何処から持って来たのか……。だから余計に謎めいて魅力的だったのだろう。

「この作者に会ってみたい」と言いながら、部員たちは自分の心情を重ねるようにして、何度も何度も朗読したがった。

誰かが「夜の川を渡りながら」と始めると、誰かがすぐに「僕はいつも考える」と呼応して次々に声たちが集まってくる。その声たちは、まるで校舎全体を包み込むように、夜の雨天体育館に響き渡っていった。

夜の川を渡りながら、
僕はいつも考える。
ここを少し遡(さかのぼ)れば、
きみが、目をいっぱいに見開いて、

見えないものを、見ようとして、
苦しんでいるのだと……

夜の鉄橋を渡る車輪が、
空へ立てる響きを、きみは聴くだろうか。
いったい、いつ、だれが、
響き立つものを、夜があげる悲鳴として
聞き届けるのだろう……

夜の川を跨（また）いで、鉄橋はここから向こうへ、
向こうからここへと、軋（きし）んでいる。
軋みにつま先を震わせながら、
僕は、できることなら、
ほんとうの顔立ちを見てみたいものだと、
きみの、その、苦しみのほうへ、
ただ渡っていく。

君は自分の現実と向かい合って苦しんでいる。
それでも見えないものを見ようとしている。
君の心に寄り添いたいと、どれほど願ったことか。
君の、その苦しみの方へ、渡っていきたいと……。

14 卒業の日

——遠くの空で号砲が鳴る。

覚えることもないだろうと思っていたのに、当たり前に歌えるようになるものなのだな。そんなことをぼんやりと考えながら歌う校歌に、鼻をすする音が混じって聞こえる。今日を最後に僕らは高校生じゃなくなるのだが、なんだか実感がわかない。

在校生の代表が僕たちに向けて送辞を読む。僕はそれを聞きながら、数日前に藤川と池田が家に泊まった日のことを思い出していた。卒業公演を終え、夕方からカラオケで騒いだ僕らは、そのまま僕の家へ行き夜中まで語り合っていた。騒ぎ疲れ、三人で横になり始めた時、ポツリと藤川が呟いた。

「もう俺らも卒業っちゃな」

「……全然そんな感じせんのにね」

少しの沈黙の後、池田がそう続けた。池田は地元の大学へ、藤川は県内であるものの遠方の大学へそれぞれ進学する。演劇指導に携わることを表明した僕は、しばらくはバイトの日々だ。池田は地元にいるため会うこともあるだろうが、藤川は実家を出て大学近くのアパートで一人暮らしをするため、四月になれば顔を合わせる機会も少なくなる。教室でも、部活でも、考えてみれば一日のほとんどを共に過ごしていた彼らと、学校で会うことはなくなるのだなと思いながら、僕は天井を見つめていた。

「高校で絶対、一生ものの出会いがあるけん」

中学の頃、母が僕に言った言葉を思い出した。まるで魔法のように、それは現実になった。たくさんのことを感じ、いろいろなものを手にした。ここでの全ての出会いが、僕を育ててくれた。

「何？　静かやけど寝たん？」

藤川が僕のほうへ声をかける。

「いや、なんか、改めていろんな人に支えられて、助けられてきたんやなぁって思って」

「そうやねぇ」

そう言って池田が笑う。

「でも、これからは道を示してくれる人たちはおらん。俺らは安全な囲いから出て、自分の力で戦わないかんのやなぁって」

そんな僕の言葉を聞いて、二人は思わず「うん」と呟(つぶや)く。

目をつむると、仲間と乗り越えてきた様々な場面が走馬燈(そうまとう)のように浮かんでいた。

壇上に意識を戻すと、池田の堂々とした姿が目に映った。はっきりとした声で語る答辞を聞きながら、本当に終わりなのだなと静かに思う。その感覚は、舞台の終わりに似ていた。

式が終わり、教室に戻る。アルバムにメッセージを書いてもらう友人や、卒業祝いの計画を立てるグループの声で教室は賑わっていた。みんな思い思いに三年間を振り返りながら、その輪郭をなぞっていた。

この四角い教室の中に、座り心地の悪い椅子に、落書きをした机の上に、窓から見える練習場に、僕らの青春は確かにあったのだ。

最後のホームルームが終わっても、僕は一人教室に残っていた。クラスメイトたちと別れの挨拶を終え、いったんスクールバスに乗ろうとしたのだが、何となく名残(なご)惜(り)しさから教室に戻って来ていた。黒板にはみんなが書いていったメッセージがある。それを眺めていると、自然と笑みがこぼれた。過去の自分が想像していなかった場所に、想像も出来なかった気持ちで、僕は立っていた。大嫌いだった教室は、その表情をすっかり変えていた。ここに居ることが当たり前になっていた。

「ありがとうございました！」

舞台が終わった後、公演をした建物にそうするように、教室で一人頭を下げた。そっと目を瞠（みは）り、ここからまたスタートする覚悟を決める。

遠くの空で、号砲が鳴る。

無駄な出会いなど何一つなかった

◉元西日本短期大学附属高校教諭（現・八女学院高校勤務）　五條　元滋

この四ヶ年が／わたくしにどんなに楽しかったか
わたくしは毎日を／鳥のやうに教室でうたってくらした
誓って云ふが／わたくしはこの仕事で／疲れをおぼえたことはない

宮沢賢治は「生徒諸君に寄せる」という詩をこう始める。教師という仕事の幸福感を、これほど美しいイメージで語った言葉を私は知らない。私には、学校という場所の中心が子どもたちであるとはどうしても思えないのだ。それは確かに子どもたちの場所であるのはわかる。ただ、そうなる前に、教師たちの「こうふく」な場所でなければならないと思っている。教師たちのその幸福感こそが、目の前の子どもたちへのまなざしとなり、新しい出会いへの「喜びとエネルギー」になるのだと思う。（考えてもみて欲しい。これだけ多くの「人格」と出会える職業がほかにありますか。その仕事に「こうふく」が欠けていたらどうなりますか）失敗したり、くじけたり、謝ったりはどの世界にもある。しかしそれを自分の中で整理して、そのあと何年にもわたり、何倍にも大きくして返すことが出来るのが教師の仕事だ。それもまた、幸福感のひとつ。

ところが、今はどうだろう。若い「せんせい」たちは、この「幸福感」を充分に語ることが出来ているだろうか。これは個人の資質の問題ではなく、どうしても、システムの問題だと思うのだが……。

かつて私たちが教わった教師たちは、良かれ悪しかれ、個性の塊だった。彼らに反発し、彼らに憧れることで私たちは成長出来たと、今思う。熱心だったり、ずるかったり、理不尽だったり、いろんな大人、多様な人間の姿を、身を以て示してくれていたのだとすると、学校という場所が決して閉じた世界ではなかったと言えるのではないか。

私が執筆者の竹島由美子と出会ったのは一九九一年の三月の終わりだった。新しく赴任したN高校の校長室で、打ち合わせを待っている私の耳に入ってきた廊下の声。「新しく来る人、変な人だったら、嫌だからね、私。組まないからね！」……キコエトルヤナイカ……。「まあそう言わんで。会っとかんね」と教頭。……ボクハモウツトメルコトニナッテイルンデスケド……。扉が開いて「あっ、どうも。こんにちは！」今思うとあれは最も警戒したときの挨拶。（これは内緒だが、彼女が語尾を鋭く切った挨拶をしたときは要注意）……そのあとは、五分も経たないうちに、もう私たちは新年度の評論教材について、その方向性を話し合っていた。それから二十八年の付き合いは今も続いている。

正直に言えば、N高校での教師生活には何も期待していなかった。それまで勤めた福岡地区のK高校、そこで出会った同僚や先輩教師たちに、国語教師としてというより、大人としての生き方、判断行動、そして感性まで鍛え育ててもらった。まるで青春のような月日だった。だから、これからは、「付け足しの時間」だと思っていた。ところがどっこい、当時のN高校は刺激と驚きで満ちていた。生徒も生徒なら教員も教員。生徒を追いかけ回す教員がいるかと思えば、自習室の隅で熱心に難関大学の解説をしている教員もいる。生徒の様子はこの本を読んでもらえばわかるとおり、まさにモザイク。まさに混沌（こんとん）。これだから教員はやめられない。そう思った。

閉じていない世界。閉じようにも閉じることのない世界。いや、むしろ、世の中との間に扉のない世界。

常識を覆すやりとりに出会ったのはあの頃のことだ。大阪から帰る野球応援バスは何度か途中休憩を取る。それは深夜にまで及ぶのだが、ぞろぞろとトイレ休憩に降りて、またぞろぞろと乗ってくる。時間になったら、黙って出発。教員は、その都度の点呼確認をまったくしない。なぜかと訊くと、「もう高校生ばい。時間は言うとるとやけん、何かあるときゃ言うてくるくさ。乗り損なっても、あいつら何とか帰ってくるけん。子どもじゃないとやけん」と言って眠ってしまった。そのやり方がわかっているのか、生徒たちも、ばかな油断はしない。自分の油断から出たミスは、自分でカタをつけるしかないことは、身体で知っている。気弱な者も、ちゃんと自分なりの人間関係を築き（コーヒー缶のやりとりぐらいはあったかもしれないが）、トラブルのときは「あいつが乗っとらんぜー！」の一声だけは担保している。はたして、全てのバスは一人のトラブルもなく帰着した。

この学校は、社会に対してちゃんと役目を果たしているではないか。

私が出会った教師たちの中で、きわだって、「こうふく」を糧にしてきた人を何人も知っている。その中の一人が、執筆者の竹島由美子である。彼女がもし賢治の語を借りて語り始めるなら、「この三十四年が　わたくしにどんなに楽しかったか……」となるくらい、彼女は「学校」を楽しんだ。私にしてみれば、これは尊敬の意味を込めて言うのだが、「彼女は三十四年間、学校で遊びまくった」。その中の四年間、私も同じ学校で「遊び」まくったし、その後の二十五年間は、お互いが働く学校での「遊び」の話を自慢し合ったものだ。

彼女に演劇の才能がどれほどあるか解らない。あるとすれば、面白いかそうでないか。退屈かそうでないか。それが骨となれば、あとは肉付けだけだ。読んだ人は解ると思うが、指導という指導はない。骨となる脚本の方向性を提示するだけだ。日本の庭師は、技巧を尽くした後、最後の仕上げを自然に委ねる。それが一流の庭師だという。彼女もまた、準備を尽くして、あとは時間と空間を生徒たちに任せる。本にあるように、生徒の「化学変化」が始まったら、後は差し入れのことだけ考えていればいい。

しかし、「化学変化」は、時に滞る。それを格段に進ませるのが「触媒」の力だ。その触媒が、彼女の秘蔵っ子の卒業生たちである。「化学変化」の当事者だった生徒が、先輩となり、唯一無二の「触媒」となっていく。そのひとりが、この本のもうひとりの執筆者、田原照久だ。

およそ、生徒たちの成長というものは、それぞれに見事と言うほかない。どんな生徒も見事に変化していく。その傍らで教師は、多くの人間の成長をつぶさに見ることが出来る。こんな劇的時間を共有できる職業がほかにあるだろうか。

田原との出会いのことは、この本を読んで思い出した。夏、第二体育館、夜八時を過ぎていたと思う。ムッとする熱気の中、黄色い光に照らされた段ボールと角材……。何をしようとしているのかはすぐ解った。初めて会ったとしても、違う学校であっても、こっちが「自分の生徒」と決めたら、そのときから、そいつは「おれの生徒」だ。関係性は瞬時に決まる。相手もそれを瞬時に受容する——、素敵な瞬間……。そうなったら全てを教える。妥協はしない。ヒントは与えるが、最後まで手を貸すことはしない。なぜなら、そのあと、段ボールの塊（カタマリ）に命（タマシイ）を吹き込むことができるかどうかは田原次第なのだから……。

その後の、田原の活動と活躍は、随所で開催される二人の講演会や、『野球部員、演劇の舞台に立つ』（高文研）の書籍と、それをもとに制作された同名の映画（二〇一八年／中山節夫監督作品）でうかがうことが出来る。そして、その語りや物腰、判断や表情には、経験と思考が裏付けとなった大人の田原がいる。

私は映画が出来たとき、自分の学校の図書館便りに紹介した文章に次のような一言を付け加えた。

この映画のことを事細かく解説することはしない。一度、見に行って欲しい。観た人は、描かれている場面場面に、何か懐かしい「甘さ」や「すっぱさ」や「苦さ」を感じながら、少しずつ「清浄な」何かを想い出していく不思議な感覚を体験するに違いない。いまはもう陳腐になってしまった「友情」や「青春」や「汗」や「信頼」という、私たちがことさら口にしなくなったこれらの言葉を、本当は誰もが希求しているのだということに、気付くだろう。

竹島由美子の前作『虹を追うものたち』『野球部員、演劇の舞台に立つ』はどちらも読む者のドギモを抜く実践だが、ややもすると初めて竹島の世界観に接する人は、それをある種の青春もの、特異な成功実践としてみるかも知れない。ひねた私が、何も知らずこれらを読んだら、批判的な意味を込めた「美しい話」としてとらえたかも知れない。しかし、読む側が少しばかり踏み込んで、文字の背後を見透すことが出来るならば、竹島の物語と田原の物語に交錯し重なる無数の物語を、推察することが出来るだろう。

そもそも人間は、ひとつの物語だけを生きているわけではない。その時間と空間と情念とが濃密に絡み合ったカオスこそ、二人が創ろうとして、二人が大切にした「物語の物語」だと、私は思う。

宮沢賢治は、その詩をこう終わらせる。

　誰が誰よりどうだとか／誰の仕事がどうしたとか
そんなことを云ってゐるひまがあるか／さあわれわれは一つになって

あとがき

田原　照久

この話は、僕の実体験を基に出来ている。本文にもあるように、僕は多くの人に支えられ、助けられて生きてきた。文章を書きながら、改めてそのことを実感し感謝をしている。このあとがきを、勝手ながらそれを伝える場とさせてもらおうと思う。

僕は今も高校生の演劇指導を続けているのだが、仕事をこなしながらの毎日の中で、へこたれそうな日もたくさんある。そんな時支えになっているのは、この頃出会った多くの人たちの思いや、その時に自分が感じた喜びや感動だ。特に指導を先輩たちから引き継いですぐの頃は、暗中模索の日々の中で心が折れそうにもなったが、そんな時は池田や藤川のモデルとなった友人たちが僕を叱咤（しった）激励してくれた。実際、アルバイト生活で金もなく、指導のため高校に行くにも一苦労だった僕の送り迎えを、大学生だった池田は献身的にこなしてくれた。

「この場所を守ってくれ」

そんな彼らの思いが、いつも僕を奮い立たせてくれる。邦明のモデルとなった友人は、今では家庭を持ちバリバリ社会で働いている。顔を合わせるたびに、お互い会社での苦労を労い合いながら、「俺たちも大人になったよね」と笑い合う。彼が頑張っている姿は、僕にとって大きな支えだ。

彼らの他にも、僕の人生に多くの影響を与えてくれた人たちがいる。特に今でもお付き合いさせて頂いている古川先生は、まだ十代だった僕をご自身が校長をしている小学校に劇の指導で呼んでくださったり、地域にいる様々な方々との交流の場など、多くの経験を積む機会を与えてくださった。「あんな若い者に何ができるんですか?」といった批判も押し切って、いつも温かく見守ってくれたその姿勢には心から感謝している。

また演劇指導を始めた頃出会った谷口先生は、ご自身が関わっている広報誌に僕の原稿を連載する機会を作ってくださり、そのことがこの本をまとめるきっかけとなった。また、実際に本にするにあたってご尽力してくださった編集の方々にも、この場を借りて感謝を伝えたいと思う。

改めて振り返ってみれば、実にたくさんの人たちが、僕という人間を育ててくれた。今は、何よりそれを誇りに思っている。僕の人生を大きく変えるきっかけをくれた竹島先生や先輩方、そして誰よりもそんな人生を僕に与えてくれた母へ、最大限の感謝を贈りたい。

僕は、いくつもの出会いに救われた。だからこそ、そんな「田原青年」の姿を描くことで誰かの背中を押すことが出来ればと、おこがましくも思っている。

人はどこからだってスタートできる。

あの頃の日々が、僕にそう教えてくれた。この物語を読んでくれたその人の心にも、「小さな号砲が鳴り響く」ことを願っている。

*——あとがき

まだ高校生だった彼が教えてくれたこと

竹島　由美子

かつて田原青年は確かに私の生徒で、そのだらしなさに私は何度苛立ち、彼を担任した不運を嘆いたことだろう。ところが、その思いは一年も経たないうちに消滅し、あっという間に頼りがいのある存在として彼を認め、その言葉に耳を傾けざるを得なくなった。どちらかと言えば寡黙な彼が私に発言する場合、それはどうしてもやり過ごせないことに対しての意見で、だからこそ極めて的確で時には辛辣（しんらつ）だった。私は何度か、まだ高校生の彼に教えられた。

三年になってすぐの頃だったと思う。

放課後の雨天体育館に、大きな身体の男子生徒がやって来るようになった。欠席や遅刻の多さでやっと進級し、担任からも持て余されているユウメイな生徒だ。何をするわけでもなく、ただぼんやり椅子に座っている。入部するつもりなのかと訊くと、お決まりの「別に……」という言葉が返って来るだけで黙り込む。「何しに来てるの？」と言うと、挨拶もせずに出て行くが、次の日、またやって来る。

何日かして、「もう、練習の邪魔！」と追い出そうとした私に、田原が「先生、いいじゃないですか。演劇部は来る者は拒まずでしょ」と言う。「でも……」と言いかけると、田原は笑いながら続けた。

「先生、もしかしたら彼は何か求めているのかも知れませんよ。ただ来ているように見えて、実は心がギリギリなのかも……。とにかくしばらく自由に見学してもらいましょう。それに、出来るだけたくさんの生徒の居場所を作るのが大人の役割だと思います」

田原は意志的な表情で私を見た。その、視線の強さに私は引き下がった。

数日後、その彼のクラスで漱石の「こころ」の授業をしていた時、案の定、彼が遅れて入って来た。ちょうど「Kは何故障子を少し開けて自殺したんだろう？」と質問し、そのクラスの生徒たちは「卑怯な手段でお嬢さんを奪った『私』に、自分の恨みを見せつけたかったから」、「まず最初に『先生』に見つけて欲しかったから」などと活発に意見交換しながら、検討している時だった。私はそのタイミングの悪さと、彼のだらしない格好とぼんやりした表情に苛立ち、彼が自分の意見を出すまで授業を進めないと黙った。

ひとしきり重苦しい沈黙が続いた後、意を決したように彼が口を開いた。

「生への未練です」

私は不意打ちを食ったような衝撃を受け、「何故そう思うの？」と、もう一度彼に質問した。

「僕にもそんな気持ちになったことがあるからです」

彼の発言は生徒たちに衝撃を与え、その後はむしろ彼の意見を中心にして授業は展開していった。そして彼は、「こころ」の感想文の中にこう書いてきたのだ。

「死はいつも僕の身近にいて、常に僕は生きる意味について考える。生きていることがぼんやりかすんでくる時、僕は指を噛む。血が滲むほど強く噛む。その指を見つめて僕はかろうじて自分が生きているという実感を手にする」

その作文を読みながら、私は「大人の役割」と言った田原の言葉を思いだした。当時、その彼と田原にまったく接点はなく、もちろん彼のそうした思いを知らなかったという。だとしたらそんな心の闇を、同じ年齢の田原が、何故そこまで繊細に感じることが出来たのだろう。その後彼は演劇部に入部し、大きな身体をいかしてあっという間に個性的な役者となり、学年でも文字通り有名な生徒に変身した。

「投げやりな表情をしている生徒でも、ここに来たのなら大丈夫です。僕がそうだったように……」

そう言いながら田原は、どんな困難な生徒でも受け入れてくれた。自分の実感で後輩に語りかける田原の存在は、多くの後輩の「居場所」となり、今度は自らの手で新たなドラマを生み出していった。そして私は、そんな変化する青年たちの横で、ただ楽しんでいればよかったように思う。

今まで多くの若者たちの「かけがえのない青春の場面」を見てきたが、そんな彼らから本当に数え切れないほどの幸せをもらったと改めて感じる。また、当時彼らを応援してくれた保護者や学校関係者、そして見守ってくれた周囲の大人たち、それら多くの人たちの温かさや大らかさこそが彼らを育ててくれたと、今しみじみ実感する。

最後に、長い時間をかけて、私たちの原稿にアドバイスをし続けてくださった金子さとみ氏と梅田正己氏に深く感謝している。

そして何より、出版業界の厳しい状況の中で、私たちの想いを聞き届けてくださった高文研の皆さんに、心からの謝意を表したいと思う。

（二〇一九年九月記）

田原照久（たはら・てるひさ）

1983年、福岡県に生まれる。2002年3月、西日本短期大学附属高校を卒業。在学中は演劇部に所属。卒業後も演出の指導者として後輩の指導に携わる。小・中学校や福祉施設等からの依頼を受けて、毎年数回の演劇公演を実施。その活動を通して福祉業界への就職を決意した。現在、福岡県八女市・久留米市を中心に運営されている社会福祉法人「伍福会」勤務。課長として、教育指導・採用など法人全体の人事労務管理を担当。

竹島由美子（たけしま・ゆみこ）

香川県に生まれる。國學院大学文学部卒業。小・中学校の講師を経て、西日本短期大学附属高校に勤務。担当は国語科、演劇部顧問。2002年、第51回読売教育賞児童生徒部門優秀賞受賞。2004年、第53回読売教育賞児童生徒部門優秀賞受賞。2013年、同校を退職。その後、2019年8月まで福岡学習支援センター、就労継続支援事業所に勤務。
著書『虹を追うものたち』（山口文彦共同執筆／高文研）『野球部員、演劇の舞台に立つ』（高文研／2012年青年劇場が舞台化し262ステージ。2018年映画化され現在も全国の学校等で上映中）

僕のリスタートの号砲が、遠くの空で鳴った

●二〇一九年一一月一〇日——第一刷発行

著　者／田原照久・竹島由美子

発行所／株式会社 **高文研**
東京都千代田区神田猿楽町二—一—八
三恵ビル（〒一〇一—〇〇六四）
電話０３＝３２９５＝３４１５
http://www.koubunken.co.jp

印刷・製本／三省堂印刷株式会社

★万一、乱丁・落丁があったときは、送料当方負担でお取りかえいたします。

ISBN978-4-87498-705-6 C0037